A ARTE DE Encantar Clientes

EM SALÃO DE BELEZA E BARBEARIA

A arte de Encantar Clientes

EM SALÃO DE BELEZA E BARBEARIA

JOÃO DE DEUS MEIRA

EDITORA SENAC - DF,
BRASÍLIA – DF,
2022

SENAC – Serviço Nacional de Aprendizagem Comercial – DF

PRESIDENTE DO CONSELHO REGIONAL

JOSÉ APARECIDO DA COSTA FREIRE

DIRETOR REGIONAL INTERINO

VITOR DE ABREU CORRÊA

DIRETORA DE EDUCAÇÃO PROFISSIONAL E TECNOLÓGICA SENAC – DF

CÍNTIA GONTIJO DE REZENDE

EDITORA SENAC DISTRITO FEDERAL

COORDENAÇÃO DE RELAÇÕES EMPRESARIAIS

Aderval Carlos de Andrade

EDITORA

COORDENAÇÃO EDITORIAL

Sandra Ferreira Gusmão

EQUIPE DA EDITORA

Sandra Ferreira Gusmão

Nair Ofuji

Higo Dantas

Valdeir Gama

EDITORA SENAC – DF
Sia Trecho 3, Lotes 625/695,
Shopping Sia Center Mall – Cobertura C
CEP: 71200-030 – Guará – DF
Telefone: (61) 3313-8770
E-mail: editora@df.senac.br
Home page: www.df.senac.br/editora

CONSELHO EDITORIAL

Aderval Carlos de Andrade

Cintia Gontijo de Rezende

Luis Afonso Bermudez

Luiz Carlos Pires de Araújo

Mara Larissa Vieira Braga

Sandra Ferreira Gusmão

Viviane Rassi

NESTA EDIÇÃO

TEXTO

João de Deus Meira.

CAPA

Gustavo Coelho

Nadyne de Codes

PROJETO GRÁFICO E DIAGRAMAÇÃO

Gustavo Coelho

Nadyne de Codes

ILUSTRAÇÕES

Freepik.com e Thinkstock

(Banco de Imagem)

REVISÃO

Glória Dias

REVISÃO DE PROVA

Nair Ofuji

Copyrigtht© by João de Deus Meira.
Todos os direitos desta edição
Reservados à Editora Senac – DF.
Editora Senac Distrito Federal, 2022

FICHA CATALOGRÁFICA

M514a

    Meira, João de Deus

        A arte de encantar clientes em salão de beleza e barbearia / João de Deus Meira – Brasília: SENAC – DF, 2022.

        116p.; il. 16X23cm
        ISBN 978-85-62564-80-2

        1. Salão de beleza – gestão. 2. Satisfação do cliente. 3. Marketing de serviços - beleza I.Título

        CDU 646.7

Lidiane Maia dos Santos – CRB 2284 -DF

Apresentação

É com imenso prazer que faço a apresentação desta obra de João de Deus. Partícipe na jornada de formar profissionais para o mercado de trabalho, seguimos lado a lado há um bom tempo. Destaco seu comprometimento com a educação profissional tanto no que se refere ao aprimoramento de conhecimentos na área, quanto pela formação impecável de seus alunos.

O tema, que ele aborda de forma dinâmica e contextualizada, reflete a vivência do profissional educador e empresário, conhecedor dos entraves enfrentados na arte de recepcionar e encantar clientes; discursa sobre eles com a sabedoria de quem já possui estabilidade comercial no seu ramo de negócio, considerado na localidade onde exerce o seu labor, como um dos mais conceituados profissionais.

O livro remete às reflexões que farão a diferença ao empreendedor que deseje estabilizar-se no ramo da beleza e destacar-se frente à concorrência. Recomendo a leitura a todos os profissionais que almejem notoriedade no mundo do trabalho e possuem como meta, a excelência na prestação de serviços de beleza.

Márcia Valéria Aires dos Santos
Responsável Técnica Pedagógica do Segmento Imagem Pessoal
SENAC –AR – DF

Sumário

INTRODUÇÃO 10
    SALÃO DE BELEZA 11
    BARBEARIA 12
    EQUIPE PROFISSIONAL 12
    ÉTICA PROFISSIONAL 14
    TRATAMENTO IGUAL 15
    NÃO JULGUE PELA APARÊNCIA 15
    DIFERENÇA ENTRE CLIENTE E FREGUÊS 17
        Cliente interno e cliente externo 18
    5 PASSOS PARA O ATENDIMENTO DE EXCELÊNCIA 19

1. RECEPÇÃO DO CLIENTE 20
    1.1. RECEPÇÃO INDIRETA 22
    1.2. RECEPÇÃO DIRETA 23
        Imagem Pessoal 24
        Próxima à entrada 24

2. PRÉ-ATENDIMENTO 26
    2.1. AMBIENTE CONFORTÁVEL 28
        Organização do espaço 28
        Higiene 28
        Iluminação 28
        Ventilação 29
        Assentos confortáveis 29
        Revistas e jornais 29
        Música ambiente 29
        TV 30
        Wi-Fi 30
        Café 30
        Água 31
        Tempo de espera 31
        Consultoria 31

2.2. SISTEMA DE ATENDIMENTO ... 32
Atendimento por agendamento ... 32
Vantagens e desvantagens ... 32
Atendimento por ordem de chegada ... 32
2.3. PREVISIBILIDADE ... 34
Tempo previsto para a realização do serviço ... 34

3. REALIZAÇÃO DO SERVIÇO ... 38
3.1. CONQUISTAR A CONFIANÇA DO CLIENTE ... 40
3.2. CONFIANÇA E CONFIABILIDADE ... 40
Confiança ... 40
Confiabilidade ... 41
3.3. VISAGISMO E IMAGEM PESSOAL ... 41
3.4. IDENTIFICAR AS NECESSIDADES DO CLIENTE ... 46
3.5. ENTENDER E COMPREENDER O GOSTO DO CLIENTE ... 47
3.6. COMO SUPERAR AS EXPECTATIVAS DO CLIENTE? ... 50
3.7. RESPEITAR OS CONCEITOS, CULTURAS E CRENÇAS. ... 52
Complexos ... 53
3.8. O PASSO A PASSO DO ATENDIMENTO EM SALÃO DE BELEZA ... 53
Higienização ... 55
Toalhas ... 55
Passo a passo para a lavagem dos cabelos ... 55
Passo a passo do corte de cabelos ... 56
Análise capilar ... 57

4. PÓS-ATENDIMENTO ... 60
4.1. FATORES POSITIVOS ... 62
Terminar no tempo previsto ... 62
Forma de pagamento ... 62
Cadastro ... 62
Diagnóstico ... 63
4.2. FATORES NEGATIVOS ... 63
Cobrar valor acima do combinado ... 63
Reclamação do serviço ou atendimento. ... 63
4.3. AVALIAR A SATISFAÇÃO DO CLIENTE ... 64
Orientações complementares ... 66
Finalizar o atendimento. ... 66

5. FIDELIZAÇÃO ... 68
5.2. PLANO DE MARKETING ... 72
5.3. APLICAÇÃO DE MARKETING ... 73
5.4. PLANO DE MARKETING ... 73

5.5. MARKETING MIX 74
Produto ou serviço 75
Ponto 75
Público-alvo 79
Preço 81
Qual a diferença entre preço e valor? 82
Promoção 85

5.7. CLIENTE INTERNO 87
O que fazer para motivar meu cliente interno? 88
Motivações e recompensas 88
Incentivos e reconhecimento 91

5.8. CLIENTE EXTERNO 95
Fornecedores 100
Administrar bem para atender melhor 101
Controle de estoque 101
Economicidade 102
Sazonalidade do movimento 102
Despesas e receitas básicas em um salão ou barbearias 105
Despesas em um salão 105
Valores dos serviços 106
Receitas 108
Fluxo de caixa 109

CONCLUSÃO 112

REFERÊNCIAS 114

Introdução

Este livro tem o intuito de levar o profissional de imagem pessoal a buscar a excelência no atendimento, suprir as necessidades dos clientes e melhorar a lucratividade.

Tendo em vista que os recursos estão cada dia mais sofisticados e o consumidor mais exigente, o profissional precisa modernizar-se diariamente para não perder os clientes, pois todos os dias novos salões e barbearias são abertos, com ofertas de serviços sempre mais requintados.

Antes de abordarmos tais realidades precisamos fazer alguns questionamentos:

O que faz um cliente escolher, dentre tantos salões em uma rua, exatamente o seu? O que faz o cliente sair de uma cidade, gastar tempo, dinheiro e combustível para ser atendido por você, sendo que ele poderia encontrar tais serviços em seu próprio bairro?

Outra indagação que vale a pena abordar: onde estão aqueles profissionais famosos que estavam em evidência há dez ou quinze anos? Por que surgiram outros que os substituíram? Como fazer para crescer e manter-se em evidência?

Neste livro abordaremos os cinco passos do atendimento, em uma linguagem simples e direta, que poderão mudar seu modo de pensar e agir, mantendo suas características e, sobretudo, potencializando competitividade. Veremos também o conceito de visagismo, composto de marketing, noções básicas de administração de salão e algumas histórias de sucesso de profissionais que entenderam a dinâmica do mercado e prosperaram em seus empreendimentos.

SALÃO DE BELEZA

É um ambiente voltado para os públicos masculino e feminino, podendo atender apenas um ou outro. Tem evoluído tanto nas ferramentas de trabalho quanto na diversidade de produtos e serviços.

A partir de 2010 houve uma grande elevação de brasileiros para a classe média. Essa ascensão tornou os clientes mais exigentes, o que fez com que os salões de beleza elevassem seus padrões. É o que revela um estudo feito pelo Instituto Brasileiro de Geografia e Estatística (IBGE), que constatou que o brasileiro gasta mais com beleza do que com comida. Segundo o levantamento, dos R$43,4 bilhões que os brasileiros gastaram comprando produtos de higiene, beleza e cuidados pessoais em 2011, R$19,8 bilhões foram desembolsados pela classe C. Confirmando essa realidade, dados da Associação Brasileira de Indústrias de Higiene Pessoal, Perfumaria e Cosméticos (Abihpec) também mostram que o setor de beleza vem crescendo, em média, 10,4% ao ano. Cuidados com os cabelos representam 22,1% do faturamento. A previsão para os próximos anos é de que o público masculino ultrapasse o feminino em gastos com beleza e bem-estar.

Hoje, o que está em voga nos segmentos de beleza é o novo conceito de visagismo, voltado para imagem pessoal. Segundo Philip Hallawell, especialista no assunto, o segredo dessa nova visão parte do princípio de que a imagem pessoal é a expressão da identidade de uma pessoa, isto é, "o que você deseja expressar com sua imagem?" Isso é muito importante na tomada de decisões, ainda no pré-atendimento, pois a maioria dos clientes precisa de orientação, e o profissional tem o dever de atender suas expectativas. Os cabeleireiros também utilizam diversos meios de comunicação social para divulgarem seus serviços e se promoverem.

O diferencial está no modo de atrair e conquistar uma nova clientela, mantendo-os fidelizados. Um dos segredos é estar sempre aberto às novidades dos vários segmentos da beleza. A constante atualização e aperfeiçoamento é um dos caminhos para o sucesso. O profissional deve oferecer sempre um serviço de qualidade – isso é o que faz um trabalho ser reconhecido. Não basta ser capacitado, tem que atender com excelência!

BARBEARIA

O ofício de barbeiro resistiu ao tempo e voltou com toda força com uma nova roupagem, sem perder suas características. As antigas barbearias continuam no modo tradicional, dirigidas por barbeiros maduros e experientes, adequados aos clientes mais idosos e conservadores. Já a nova barbearia revolucionou-se em equipamentos, produtos e novas técnicas: repaginou-se. Normalmente, essas novas barbearias são conduzidas por profissionais jovens e empreendedores, que mantêm como legado o estilo retrô, agregado aos serviços dos tradicionais salões de beleza. Os novos barbeiros são antenados e criativos, com competência técnica para prestarem serviços de alta sofisticação e oferecerem tratamento diferenciado aos clientes de gosto refinado. Com a ascensão da classe média, surgiu um novo público, disposto a pagar por um ambiente exclusivamente masculino e com exigências compatíveis com seus padrões sociais, em conformidade com aquilo que a barbearia oferece para conquistar determinado público.

EQUIPE PROFISSIONAL

Antes de formar uma equipe de profissionais é necessário planejamento definido, visão realista, foco no público-alvo e ser sonhador. Não basta formar uma boa equipe se não houver clientes suficientes para mantê-la.

O tipo de liderança também influencia na formação de uma equipe. Os líderes autocráticos formam equipes amedrontadas e sem liberdade criativa; já os líderes liberais correm o risco de não definirem sua missão como empresa. Os líderes democráticos conseguem manter uma equipe motivada e aberta a inovações, porém precisam estar preparados para resolver conflitos. E, por fim, o líder carismático consegue mover toda a equipe, despertando sonhos, delegando funções e acreditando que todos podem cumprir suas tarefas, mas é preciso ter cuidado para não agir por impulso.

Aí retorno àquela questão: por que muitos donos de salões fracassam depois de montar uma equipe?

Existem ótimos profissionais que atendem e cuidam muito bem de seus clientes, porém são péssimos patrões. São líderes que se "sentem estrelas" e que não admitem que seu funcionário, por melhor que seja, os ofusquem – patrões que acham que o funcionário vai roubar sua clientela e montar um salão ao lado.

Seja qual for o perfil do líder, para manter uma boa equipe é necessário estabelecer um elo de confiança entre o líder e sua equipe; quem lidera tem obrigação de dar bom exemplo e proporcionar qualidade de vida e desenvolvimento profissional, respeitando a individualidade e limitações de cada membro, e ao mesmo tempo dando um voto de confiança, oferecendo desafios com liberdade para que o funcionário use a criatividade.

Um líder democrático tem mais facilidade de envolver seus liderados na tomada de decisões, podendo assim analisar a competência técnica e o comportamento de cada um, mensurando seu grau de comprometimento e identificando quais funcionários têm seus interesses alinhados aos da empresa.

Por exemplo: o administrador do salão diz aos funcionários que, a partir da próxima semana, vai dar um desconto de 40% nos serviços de corte e escova. Certamente haverá reações diferentes. Aqueles que são comprometidos com a visão da empresa apoiarão a ideia, enquanto os que não são ficarão indiferentes.

Isso aconteceu comigo. Em um período difícil, as minhas manicures começaram a reclamar do movimento fraco no meio da semana; sugeri, então, que fizéssemos uma promoção toda quarta-feira. Elas adoraram a ideia, mas quando a clientela aumentou, começaram a faltar e a reclamar que estavam trabalhando muito e ganhando pouco.

Portanto, uma equipe bem entrosada é como um trem de ferro: embora sejam muitos os vagões, todos estão direcionados no mesmo trilho, sem descarrilhar.

Montar uma boa equipe de profissionais de beleza depende de dois fatores importantes: primeiro, o método utilizado na seleção. Alguns empreendedores preferem exigir profissionais capacitados, com aptidão para a função; todavia, correm o risco de levar para junto dos outros um indivíduo que não se encaixe na cultura da empresa, ainda que, em contrapartida, possa agregar novidades ou algum conhecimento que seja o diferencial da equipe.

Outros preferem recrutar pessoas com perfil compatível com a cultura e com os valores da empresa, criando uma relação de confiança e melhor entrosamento; por outro lado, demora-se a atingir o nível desejável de mão de obra qualificada.

O segundo fator é o nível de satisfação da equipe. Embora exista uma competição entre si, os membros da equipe precisam ser motivados e reconhecidos individualmente, pois cada funcionário tem um projeto de vida, e depende dos recursos adquiridos com seu trabalho.

ÉTICA PROFISSIONAL

Ética é uma palavra de origem grega (*éthos*) que significa "propriedade do caráter". Ela pode ser estabelecida por lei para regular o comportamento social, ou por códigos de convivência definidos por um grupo de pessoas, por uma empresa ou por corporações profissionais que decidiram uma norma com princípios, valores morais, culturais e religiosos.

A Constituição Brasileira, em seu art. 1º, define como princípios fundamentais "a dignidade da pessoa humana, os valores sociais do trabalho e da livre iniciativa e o pluralismo político", dentre outros, que se resumem em três valores: liberdade, igualdade e justiça.

Cada profissão tem o seu próprio código de ética, que pode mudar de acordo com a área de atuação, porém alguns princípios são universais e podem ser aplicados a todos, como competência, honestidade e respeito. Ser ético é agir sem prejudicar o próximo e cumprir com responsabilidade os princípios determinados pela sociedade a que pertence.

O sistema SENAC prima por esses temas transversais, primordiais na educação profissional, e que se definem como marcas formativas. Esses conceitos são competências que norteiam as bases tecnológicas inseridas no conteúdo de cada segmento profissional, que assume como missão e responsabilidade social a formação do indivíduo, para que ele compreenda os conceitos de cidadania, democracia e justiça baseados na equidade.

O profissional de imagem pessoal deve adotar um comportamento ético compatível com o ambiente profissional nas relações humanas, sem jamais humilhar ou discriminar qualquer pessoa, independente de raça, cor, preferências religiosas, políticas ou qualquer outra peculiaridade.

Os profissionais de beleza devem ser portadores de alegria, construtores de autoestima e realizadores de sonhos.

TRATAMENTO IGUAL

O fato de tratar todos da mesma forma não quer dizer que o atendimento deva ser robotizado, pois o padrão do acolhimento revela a cultura e a missão da empresa. É certo que entre os clientes existem aqueles que vão criando laços de amizade e confiança. Isso vai se desenvolvendo pelos laços naturais de afinidade entre as partes. Respeito e cordialidade são indispensáveis no atendimento ao cliente. Devemos tratar a todos com atenção, urbanidade, imparcialidade e sempre respeitar o gosto do cliente.

NÃO JULGUE PELA APARÊNCIA

"Aparência, às vezes, engana". Quem nunca ouviu essa expressão? No ambiente de imagem pessoal, jamais devemos julgar alguém pela aparência. Nesse caso, não vale a expressão "a primeira impressão é a que fica", pois quem procura os serviços de imagem pessoal geralmente está se sentindo desprovido de beleza. O cliente necessita de um tratamento que melhore sua aparência e levante sua autoestima. A dedicação de um bom profissional pode ajudar o cliente na construção de uma nova imagem.

Na sociedade em que vivemos, onde a violência está chegando até a lugares que outrora eram tranquilos, muitas pessoas estão optando por uma vida sem ostentação, para não chamarem atenção. Portanto, simplicidade também é um estilo de vida, mas o ser simples não significa não ser exigente. O cliente sabe o que quer.

• • •

Caso

Certa vez, deparei-me com uma situação que serviu de lição para minha vida, como profissional e como ser humano. Na minha cidade, onde o índice de pobreza era bem elevado na época, era comum aparecerem pedintes nos estabelecimentos comerciais. Não tinha como ajudar a todos, senão nos tornaríamos mais um a pedir, mas naturalmente íamos fazendo uma seleção criteriosa para ajudar a quem realmente precisava. Sabemos que entre os que precisam estão os espertalhões, que fazem um teatro e até choram para nos convencer de suas tristes histórias. Alguns nos convencem. O fato é que a cada dia vamos ficando mais seletivos e insensíveis.

Foi com essa situação que me deparei em uma tarde de sexta-feira. Eu atendia uma senhora num compartimento reservado para alguns serviços, e lá de dentro ouvi uma saudação de boa tarde, mas percebi que não foi respondida com o mesmo entusiasmo pelas pessoas que estavam no salão. Fez-se silêncio e ouvi novamente a voz masculina perguntando pelo dono do salão. Os funcionários, tentando se livrar, apontaram logo para onde eu estava e pediram que ele aguardasse. Fiquei curioso pra saber quem era e dei uma olhadinha.

Avistei um homem de cabelos grandes e desajeitados, com uma barba enorme, vestido com uma roupa surrada e com um saco na mão. Fui ao seu encontro no intuito de ficar livre de mais um. Quando me aproximei, perguntei-lhe o que desejava. Ele me respondeu de modo desencantado:

— Moço, fui a todos os salões e ninguém quis cortar meu cabelo e tirar minha barba!

Quando ouvi aquilo me comovi e senti-me desafiado a fazer diferente dos meus concorrentes. Pedi que entrasse e me aguardasse, pois iria atendê-lo logo que terminasse o atendimento que já estava em execução. Enquanto ele esperava, fiquei ali pensando em fazer minha caridade do dia. Não estava me importando se aquele senhor tinha dinheiro para pagar. Prometi a mim mesmo que aquela pessoa iria sair dali com o melhor atendimento de sua vida.

Terminei de atender a cliente e imediatamente o convidei para o lavatório. Seus cabelos e barba estavam marrons de poeira. Fiz uma higienização caprichada e apliquei um creme nutritivo. Com um pouco de receio, pedi que ele se dirigisse ao lavabo e lavasse o rosto para facilitar a extração da barba. Na verdade, era só uma questão de higiene. Em pouco tempo, ele ficou pronto, com um aspecto irreconhecível. Aquele senhor entrou com uma aparência de 55 anos e saiu com cara de 30. Foi impressionante a mudança. Era perceptível a alegria estampada no rosto daquele senhor, que muito me agradeceu.

Por fim, ele me perguntou quanto custou meu trabalho. Pensei em não cobrar, mas esperei sua reação. Meteu a mão no bolso e tirou um pacote volumoso de dinheiro, só com notas de alto valor. Como por engano, o guardou de novo, pegou um pacote menor do outro bolso e me pagou. Todos os presentes no salão ficaram boquiabertos com aquela cena. Já estava anoitecendo quando aquele senhor, de aparência renovada, ao se despedir, disse:

– Só Deus pra lhe recompensar pelo que fez por mim! Desculpe-me pelo jeito que cheguei, todo maltrapilho! Eu estava no garimpo em Mato Grosso há um ano e quero fazer uma surpresa pra minha filha que hoje está fazendo 15 anos. Não queria que ela me visse como um bicho.

Naquele momento fiquei profundamente emocionado. Perguntei onde ele morava, e ele apontou para um bairro periférico. Alertei sobre o risco de andar com tanto dinheiro àquela hora. Sem nenhuma malícia, entregou-me o pacote de dinheiro maior, retirou de dentro do saco outro pacote maior ainda e me pediu para guardar, alegando que retornaria no outro dia para pegar. A princípio me recusei a guardar o dinheiro, pois sequer sabia a quantia constante naqueles pacotes. Ele insistiu e fui convencido a guardar o fruto do suor de um ano daquele trabalhador, tão simples e sem malícia alguma.

No outro dia, pela manhã, ele retornou para buscar o dinheiro com sua esposa e a filha, e de novo me agradeceu. Tornou-se depois um cliente fiel, trazendo também todos da família.

• • •

DIFERENÇA ENTRE CLIENTE E FREGUÊS

- Cliente é todo e qualquer indivíduo que aparece em um estabelecimento à procura de produtos ou serviços.
- Freguês é o cliente fidelizado, aquele cujo gosto, as manias e o comportamento já conhecemos.

CLIENTE INTERNO E CLIENTE EXTERNO

CLIENTE INTERNO:

- Profissionais que transformam o serviço em dinheiro.
- Funcionários que cuidam de atividades-meio.

CLIENTE EXTERNO:

- Clientes pagantes – são a razão da existência da empresa.
- Fornecedores – os produtos trazidos diretamente pelos fornecedores são transformados em lucro.

Caso

Em 1988, montei um salão em uma pequena e pacata cidade do Estado de Goiás. Depois de dois anos, minha clientela aumentou consideravelmente, razão pela qual resolvi incrementar o ambiente. Troquei os bancos por um jogo de sofás confortáveis, troquei o filtro de barro por um bebedouro inox, e assim foram acontecendo várias mudanças.

A fim de me especializar e ampliar meus conhecimentos fui a São Paulo, onde fiz alguns cursos. Ao retornar da viagem, cheio de entusiasmo e vontade de melhorar o estabelecimento, me deparei com uma triste realidade. O administrador da cidade havia iniciado uma terraplanagem. Havia arrancado o asfalto da rua em frente ao meu salão, deixando na terra crua. A poeira era insuportável. Para piorar a situação, a administração simplesmente não concluiu a obra.

 Resultado: a ventania de agosto e o fluxo de carros deixavam tudo marrom de tanta poeira. Resolvi, então, colocar uma porta de vidro, pois além de melhorar o visual iria amenizar o problema da poeira. Na época, a única loja na cidade que tinha porta de vidro era o Banco.

Deu certo, porém perdi muitos clientes, principalmente o pessoal da Zona Rural. Eles chegavam à porta e voltavam, pois a claridade de fora os impedia de ver o interior do salão, e com isso eles iam embora. Aqueles que tentavam entrar, empurravam a porta, tentando forçá-la a abrir, sendo que a porta era de correr. Resolvemos um problema e criamos outro. Por fim, mantivemos a porta de vidro, mas tivemos que manter aberta a porta menor.

. . .

5 PASSOS PARA O ATENDIMENTO DE EXCELÊNCIA

Com a concorrência acirrada, o atendimento de excelência não deve limitar-se apenas a uma boa recepção. O cliente pode até ser bem recepcionado, mas as condições do ambiente e a prestação dos serviços podem não agradá-lo. Por isso, deve-se levar em consideração o ambiente, o marketing pessoal, o tempo de espera, a prestação de serviços, o valor, a forma de pagamento e a fidelização.

Para encantarmos o cliente, vamos seguir de forma sistemática os cinco passos para um atendimento de excelência. Provavelmente iremos encontrar diversas lacunas onde deixamos a desejar, motivos pelos quais perdemos clientes a cada dia. Imagine se todos os clientes que entrassem em nosso estabelecimento retornassem? Em um ano não conseguiríamos atendê-los da mesma forma, se não nos reinventássemos.

E, então, por que eles não retornam? Outro fator importante e primordial é o cliente interno. Como manter o funcionário satisfeito e não perdê-lo para a concorrência?

Os 5 passos são:
1. Recepção do cliente
2. Pré-atendimento
3. Realização do serviço
4. Pós-atendimento
5. Fidelização

CAPÍTULO 1

Recepção do Cliente

A recepção é apenas o primeiro passo no processo de atendimento ao cliente. É nesta primeira abordagem que o cliente identifica a cultura da empresa e mensura a qualidade do atendimento. Como diz o ditado: "a primeira impressão é a que fica".

Podemos classificar a recepção em duas formas:

1.1. RECEPÇÃO INDIRETA

Na recepção indireta, vários fatores são considerados essenciais para uma boa comunicação. Neste caso, o cliente está distante e depende de um meio eficaz para expressar seu desejo. Do outro lado está o recepcionista, que deve demonstrar simpatia e eficiência no atendimento, já que, nesta situação, a loja se estende como um longo braço até o cliente através de um canal sem ruídos.

- Elementos básicos da comunicação, no caso de mensagem telefônica:
- Emissor – quem fala;
- Receptor – quem ouve;
- Canal – o veículo pelo qual a mensagem é transmitida;
- Código – os símbolos utilizados na informação da mensagem.

Para que a mensagem seja compreendida pelo receptor, o emissor deve falar uma linguagem que o receptor compreenda. Se houver distúrbios ou obstáculos, eles podem acabar impedindo a eficácia da comunicação.

Segundo Maura Cristina Barata e Márcia Moreira Borges, elaboradoras do livro *Técnicas de recepção*, Departamento Nacional – SENAC: "A emoção é um fator que tanto pode facilitar quanto dificultar a comunicação". A transmissão da mensagem deve ser carregada de otimismo e cortesia, independentemente do grau de intimidade com quem está do outro lado.

Algumas pessoas vivem com emoções à flor da pele, e por isso são sensíveis a qualquer distúrbio na comunicação. Quantas vezes presenciamos atendentes tão agressivos e mal-humorados que temos até medo de nos aproximar? E se tivermos que fazer isso, já vamos armados, porque sabemos o que nos espera.

Em nossos dias, o telefone é apenas um dos veículos de comunicação, principalmente entre os mais jovens. As mensagens e imagens em tempo real enviadas através de novos aplicativos de celular deixam a informação mais compreensível e eficaz. Mesmo sendo uma mensagem via telefone, o atendente deve utilizar as seguinte habilidades:

- Apresentação: saudação, nome da empresa e nome do atendente;
- Demonstrar interesse e simpatia pelo cliente;
- Informar com clareza sobre os serviços e produtos oferecidos;
- Valores;
- Forma de pagamento;
- Forma de atendimento;
- Endereço;
- Ponto de referência.

Deve-se lembrar, neste caso, que a voz é o principal instrumento para conquistar o cliente.

A informação deve ser precisa – atender telefone, responder e-mails, marcar horários e cuidar do cadastro do cliente.

1.2. RECEPÇÃO DIRETA

É quando o cliente é recepcionado por uma pessoa, olhando nos olhos, percebendo o interesse, a satisfação e a cortesia de quem o recebe. É na recepção direta que o recepcionista vende sua imagem e o produto de seu serviço. Mesmo que o recepcionista não seja cabeleireiro, ele tem o dever de conhecer a cultura e a missão da empresa, principalmente a diversidade de serviços, seus valores e formas de pagamento.

Na maioria dos pequenos estabelecimentos, o atendente é o próprio dono ou um profissional que executa os principais serviços. Neste caso, a recepção deve ser mais calorosa, de acordo com a intimidade que se tem com cada cliente, mas sem deixar transparecer preferências por esse ou aquele.

IMAGEM PESSOAL

Imagine que você está entrando em um salão e dá de cara com uma cabeleireira toda despenteada, sem maquiagem e mal vestida? Que imagem ela passa do salão e do seu próprio serviço? Ela pode até trabalhar bem, mas não irá muito longe, porque atenderá somente os clientes conhecidos. Os clientes mais exigentes passam adiante.

Cuidar da imagem pessoal, além de ser uma questão de amor próprio, é também uma questão de saúde. Como uma pessoa que não cuida bem de si pode cuidar dos outros? Nós, que trabalhamos bem próximos aos clientes, devemos fazer uma autoavaliação se a imagem que estamos passando está sendo compatível com a imagem que o ambiente de trabalho exige.

O uso de desodorante é obrigatório, de preferência sem cheiro. Já o uso de perfume deve se limitar aos mais suaves. Caso o profissional tenha preferência por perfumes fortes, que os use em outros momentos, fora do ambiente de trabalho.

Werner, grande mestre da área de beleza, aconselha com muita sabedoria e propriedade: *"É importante ter consciência de que o profissional não é avaliado só por sua capacidade técnica. Ainda mais num salão de beleza – onde o contato com o cliente é tão próximo e a matéria-prima do nosso trabalho é a estética –, a figura do profissional, sua postura e sua aparência pessoal são aspectos fundamentais. A atenção especial com os dentes e o hálito é imprescindível, pois o cabeleireiro trabalha muito próximo do cliente e tem que ser uma presença agradável."*

Rudi Werner é um profissional, reconhecido no Brasil e no exterior, que transformou seu salão de beleza em uma empresa de sucesso. Em seu livro *Um Bom Negócio*, da Editora SENAC, ele compartilha suas experiência bem-sucedidas na gestão de salões.

PRÓXIMA À ENTRADA

É importante que a recepção fique situada próxima da entrada do salão para facilitar a comunicação e não atrapalhar o atendimento.

Não ofereça o que não tem.

Antes de marcar com um cliente, verifique se realmente tem produtos suficientes para a realização do serviço.

Não prometa o que não sabe fazer.

Todo bom profissional teve o seu começo, suas dificuldades e inseguranças, até chegar ao nível que desperta a confiança do cliente. Nós não somos obrigados a saber de tudo em um salão. É preciso ter humildade para dizer ao cliente que você ainda não faz certos serviços; mas o que fizer, faça bem-feito. Se você souber fazer uma boa escovinha, prometa a si mesmo que cada escova que fizer será sempre melhor que a anterior.

• • •

Caso

Certa vez, uma cliente avistou de longe uma placa de um salão em que estava escrito: "Marry Coiffeur". Então ela pensou: "Hum! Que chique! Nome francês. Essa Marry deve ser ótima profissional." Quando a cliente adentrou no salão e disse que queria ser atendida por Marry, a dona respondeu com um sorriso no canto da boca e meio sem graça:

– Não! Ela não pode lhe atender ainda!

– Por quê? – indagou a cliente.

– É porque ela ainda é pequenininha. Só tem 5 anos. O nome do salão é em homenagem a ela.

• • •

CONSELHO DE MESTRE

Busque ser íntegro e verdadeiro consigo mesmo. Não venda um sonho que não consiga realizar.

Olavo – Olavo cabeleireiros – Taguatinga – DF

. CAPÍTULO 2 .

Pré-atendimento

...

Recepcionar bem o cliente e não oferecer-lhe condições necessárias para acolhê-lo e atendê-lo no tempo previsto não garante fidelização. É nessa fase do atendimento que o profissional de imagem pessoal precisa fazer de tudo para segurar o cliente e oferecer-lhe um atendimento de excelência.

2.1. AMBIENTE CONFORTÁVEL

ORGANIZAÇÃO DO ESPAÇO

Por mais simples que seja o salão, o espaço precisa ser bem aproveitado, com os móveis bem distribuídos e organizados de forma harmônica, de modo que se torne um ambiente agradável para os clientes e funcional para os profissionais. Não devemos julgar o salão pelo valor ou pela sofisticação dos móveis; no entanto, se não houver harmonia entre os mobiliários e artigos do salão em relação ao conjunto e cores, provavelmente ele não passará uma imagem de um ambiente organizado. Antes de planejar o espaço, busque informações nos órgãos competentes da administração regional para adequar-se às normas de Biossegurança e Vigilância Sanitária.

HIGIENE

Tudo que for relacionado à beleza deve ser organizado e higiênico, tanto o ambiente quanto os processos de trabalho oferecido. É direito garantido ao consumidor e obrigação do estabelecimento manter o ambiente limpo. Segundo a Portaria nº 06, 2014, da DIVISA – DF, todo estabelecimento, no âmbito do Distrito Federal, deve ter pelo menos um profissional capacitado em conhecimentos de Biossegurança.

ILUMINAÇÃO

Para os salões de beleza, a luz é primordial para realçar o belo e a beleza das formas, despertar o sentimento de autoestima e proporcionar bem-estar aos clientes e aos profissionais. No entanto, a má distribuição da iluminação e o uso de determinadas cores no ambiente influenciam nas colorações, maquiagens e até mesmo nas fotografias. O ideal, segundo especialistas no assunto, é aproximar-se ao máximo à luz solar, pois ela possui a melhor reprodução de cores.

VENTILAÇÃO

Independentemente do tamanho do espaço reservado para o salão, a ventilação é primordial, seja ela natural ou mecânica. A natural se torna mais interessante quando integrada à jardinagem ou à natureza. Já a mecânica traz ao ambiente uma sensação de conforto. No caso do ar-condicionado, exige-se o ambiente fechado para manter a temperatura constante e economizar energia. Por um lado, além do conforto, elimina poeira e ruídos externos; por outro, o ambiente fechado coloca em risco os frequentadores que, direta ou indiretamente, respiram o ar poluído por fumaça, odores e gases emitidos por produtos químicos. Portanto, torna-se necessária a instalação de exaustores em pontos estratégicos do salão para sugar tais poluentes. Aconselha-se também, neste caso, realizar os processos químicos que emitem gases ou fumaça em compartimentos separados dos outros clientes, mesmo porque muitos destes produtos são prejudiciais às pessoas que têm problemas respiratórios, grávidas e crianças.

ASSENTOS CONFORTÁVEIS

Devem ser de acordo com o espaço reservado para a recepção. Aconselha-se que sejam impermeáveis e de fácil limpeza. Outro fator importante é a posição dos assentos, que devem estar separados das cadeiras reservadas aos cabeleireiros ou barbeiros, criando outro ambiente, mesmo que seja em uma única sala. As cabeleireiras se sentem constrangidas quando percebem, pelo espelho, que estão sendo observadas por olhares maliciosos.

REVISTAS E JORNAIS

É importante que sejam voltados para assuntos de imagem pessoal. Se o público-alvo for feminino, pode-se até diversificar, incluindo acessórios, moda, entre outros. No caso do público masculino, pode-se acrescentar algumas revistas sobre esportes, por exemplo. É importante manter os informativos atualizados para não deixar acumular.

MÚSICA AMBIENTE

O estilo de música para o salão ou barbearia deve refletir o gosto do cliente e do público-alvo. Deve propiciar um momento que traga tranquilidade e bem-estar, tanto para os clientes que estão sendo atendidos ou esperando quanto para os profissionais.

Em alguns casos a música pode ser utilizada para levar o cliente a relaxar. Por exemplo, no ambiente de massagem, as músicas devem ser instrumentais e calmas, de preferência com sons que lembrem a natureza, como o canto de pássaros e barulho de cachoeira; já em barbearias personalizadas com um estilo retrô, os clientes preferem ouvir *rock 'n roll*.

Quem gerencia um salão não pode impor seu gosto musical aos clientes ou até mesmo aos colegas de trabalho. O principal objetivo da música é criar harmonia no ambiente. Se o cliente chegar ao salão e a música já estiver tocando, pergunte se pode continuar com a mesma seleção. É impossível agradar a todos, mas é escutando o cliente e observando sua reação que se criam afinidades.

Portanto, no caso de dúvida, é bom optar por músicas neutras e calmas, mantendo o volume baixo para que as pessoas possam dialogar sem precisar elevar a voz.

TV

Segue a mesma lógica da música. Principalmente quando for desligar ou mudar de canal, consulte sempre os clientes.

WI-FI

Indispensável em nossos dias, tanto para distração quanto para pesquisa. Quase todos os jovens quando vão ao salão não pedem nem olham mais revistas de cortes. Com acesso à internet, encontram cortes em todos os ângulos e até vídeos ensinando como cortar ou fazer outros procedimentos.

CAFÉ

Servir um cafezinho gratuito aos clientes é sinal de acolhimento e cortesia. Nem todo salão faz isso, mas quem o faz imprime seu diferencial. Se o café não estiver pronto, o ideal é perguntar primeiro para todos se aceitam um café, e depois providenciar uma quantidade suficiente para o número de pessoas que aceitarem. Pode ser que esteja fazendo calor e os clientes prefiram tomar suco. Se tiver, a segunda opção será mais um diferencial. Os salões que acostumam os clientes com esses mimos devem mantê-los, porque quando não tiver, certamente o cliente cobrará. Geralmente, os jovens não gostam de tomar café fora de suas casas. Em alguns salões, além do café, oferecem também chá, leite caramelado com canela, biscoito, bombons e pirulitos para as crianças. É bom lembrar que isso não deve refletir no valor do serviço.

ÁGUA

Deve ser servida natural e gelada. É aconselhável que o filtro fique próximo da recepção ou na sala de espera, para que esteja à vista dos clientes. Assim, eles poderão se servir, sem necessidade de pedir para que os sirvam.

TEMPO DE ESPERA

Todos os meios sociais organizados demandam tempo e paciência para esperar nossa vez de sermos atendidos, seja na fila do banco, no caixa do supermercado, no hospital ou no cinema; no salão de beleza não é diferente. Contudo, em muitos desses lugares citados acima, passamos despercebidos pelos atendentes, que sequer olham o nosso rosto. Por isso, muitos clientes desistem de esperar quando percebem que vai demorar para serem atendidos. O recepcionista deve deixar claro ao cliente quanto tempo terá que esperar, e não ficar segurando o cliente dizendo que vai ser rapidinho. Esse passo do atendimento é a causa de muitos clientes mudarem de salão. Eles se sentem enganados quando os profissionais do salão os deixam esperando além do tempo previsto. O atendimento no ambiente de imagem pessoal deve ser personalizado e voltado para gerar bem-estar ao cliente, assim como uma oportunidade de oferecer outros serviços e produtos que possam agregar valor e suprir as necessidades do cliente que outrora não estava em seus planos. O cliente chega ao salão decidido a fazer um simples corte de cabelo e sai com informações importantes sobre os cuidados capilares, que produto usar e como usar. Além das informações sobre *home care*, ainda acaba fazendo propaganda do salão.

CONSULTORIA

Pedir opinião ao barbeiro ou cabeleireiro sobre que corte fazer ou que coloração aplicar é comum entre clientes de salão de beleza. Primeiro porque é uma obrigação do profissional orientar o cliente; segundo porque é importante que o cliente se sinta seguro ao fazer um procedimento que ainda não conhece. Alguns profissionais cobram por esse serviço, principalmente aqueles que se especializam em consultoria de imagem pessoal e visagismo. Outros preferem deixar embutido no preço. Afinal, devemos ou não cobrar pela consultoria? Imagine que você esteja atendendo uma cliente e chega outra, cheia de dúvidas, pedindo para você solucionar seu problema. Digamos que ela tenha pintado seus cabelos de vermelho em casa e ficou alaranjado, e agora ela quer que você a deixe loira. Você, então, irá dispor de uns trinta minutos para esclarecer os procedimentos a serem realizados, convencer a cliente e definir quanto custará o serviço. Acontece que algumas clientes, com esperteza, tomam tempo do profissional, recebem a consultoria e simplesmente vão fazer o serviço em outro lugar. Portanto, em uma consultoria grátis, dê sua opinião, mas não dê a receita do trabalho que só você tem a competência para realizar.

2.2. SISTEMA DE ATENDIMENTO

ATENDIMENTO POR AGENDAMENTO

Antes de definir o sistema de atendimento do seu salão, é necessário observar o tamanho do ambiente, principalmente o da sala de espera. Se o salão ou barbearia tiver um espaço reduzido e poucas pessoas para atender, é bom que se pense em atender por agendamento, porque cada cliente agendado comparecerá somente na hora ou minutos antes do seu horário marcado. Mas se tiver uma equipe que atenda a demanda, não será necessário um grande espaço na sala de espera.

VANTAGENS E DESVANTAGENS

As vantagens do agendamento é que o processo de trabalho fica organizado, o espaço fica equilibrado e o profissional ou a equipe de profissionais trabalha com previsibilidade em relação ao tempo e aos produtos a serem utilizados.

As desvantagens são os contratempos causados por atrasos. Da parte dos clientes, sempre haverá uma lacuna quando o cliente não comparecer e não ligar para justificar o atraso; já o atraso por parte dos profissionais que não terminarem o serviço no tempo previsto pode acarretar atrasos em cadeia, tornando clima tenso e comprometendo a qualidade dos serviços. Outra desvantagem é a impossibilidade de acolher novos clientes que desejarem ser atendidos por ordem de chegada.

ATENDIMENTO POR ORDEM DE CHEGADA

Esse sistema de atendimento depende de quantos profissionais irão atender a demanda, do fluxo e da rotatividade dos clientes e de quanto tempo o profissional leva para atender cada cliente. Se houver apenas um profissional atendendo e ele demorar, em média, 30 minutos, provavelmente não ficará mais de 6 clientes na fila de espera, tendo em vista que os próximos a chegar só serão atendidos depois de 3 horas. E, mesmo que haja 6 clientes na fila de espera, se o segundo a ser atendido resolver fazer outro procedimento mais demorado, existe o risco dos demais desistirem de esperar.

Quem nunca ficou na fila de um banco sendo atendido por um caixa só e, quando estava próximo de chegar sua vez, a pessoa na sua frente retirou pacotes de moedas e dezenas de faturas para pagá-las? Isso é desanimador!

Outro fator importante sobre a ordem de chegada é a ordem de atendimento feita pelos profissionais. Cada salão tem sua norma. Atender por ordem de chegada demanda espaço para o cliente esperar confortavelmente.

VANTAGENS

- O profissional não ficará com tempo ocioso ou refém de atraso dos clientes;
- O cliente compreenderá quando houver muitos na fila de espera para serem atendido antes dele;
- Não há pressão para cumprir horário, mesmo que haja muitos clientes na fila de espera;
- Atendimento democrático entre os clientes novos e fidelizados;
- Não impede de se agregarem outros serviços além do previsto;
- Determina apenas o horário de início e do final do atendimento.

DESVANTAGENS

- Demanda um espaço maior para os clientes esperarem confortavelmente;
- Reclamação dos clientes quando há espera além do tempo previsto;
- Não inclui clientes com tempo limitado;
- Imprevisibilidade e sazonalidade do público-alvo, pois não há distribuição ordenada durante os horários de atendimento, criando assim horários de pico no final de semana e períodos ociosos no início da semana.

- Mesmo chegando ao final do horário pré-determinado para o encerramento do atendimento haverá a obrigação de atender até o último da fila.

ATENDIMENTO MISTO

Esse sistema de atendimento é o mais utilizado na maioria dos salões. Agendam-se os serviços com procedimentos demorados e aqueles que os clientes precisam terminar em um tempo determinado. Por exemplo: produção de noivas, debutantes, formandos, etc. Alguns salões encarregam parte dos funcionários para atenderem com hora marcada e outra parte para atendimento por ordem de chegada.

VANTAGENS

- É possível atender os clientes que chegam por acaso e os que não podem esperar;
- Melhor distribuição durante a semana, já que os procedimentos demorados podem ser marcados para os dias com menos movimento.

DESVANTAGENS

- Limita a quantidade de clientes marcados;
- Os clientes na fila de espera não se conformam em ver alguém chegar depois e ser atendido na sua frente, mesmo sendo avisados previamente.

2.3. PREVISIBILIDADE

TEMPO PREVISTO PARA A REALIZAÇÃO DO SERVIÇO

O profissional precisa ficar atento quando os clientes estiverem chegando para não correr o risco de perdê-los para a concorrência por falta de previsão. Aliás, esse é o ponto crucial do atendimento. É o motivo pelo qual a maioria dos clientes deixa de frequentar um estabelecimento.

Vamos imaginar uma situação hipotética em que você esteja atendendo seus clientes por ordem de chegada. Digamos que já passa das 10 horas da manhã, há um cliente em sua poltrona sendo atendido e mais três na fila de espera. Então chega um quarto cliente e lhe pergunta a que horas ele será atendido. Primeiro você precisa saber quais os serviços que cada cliente deseja fazer; segundo, quanto tempo você levará para terminar de atender o cliente que ainda está na poltrona, mais os três que estão na fila de espera. Além da somatória do tempo que levará para atender as quatro pessoas, você deve adicionar uma margem de segurança de, no mínimo, 10 minutos para cada cliente, de acordo com a complexidade do serviço. Para simplificar, imaginemos que todos os clientes estejam esperando somente para cortar os cabelos, e você levará, em média, 30 minutos para cada corte.

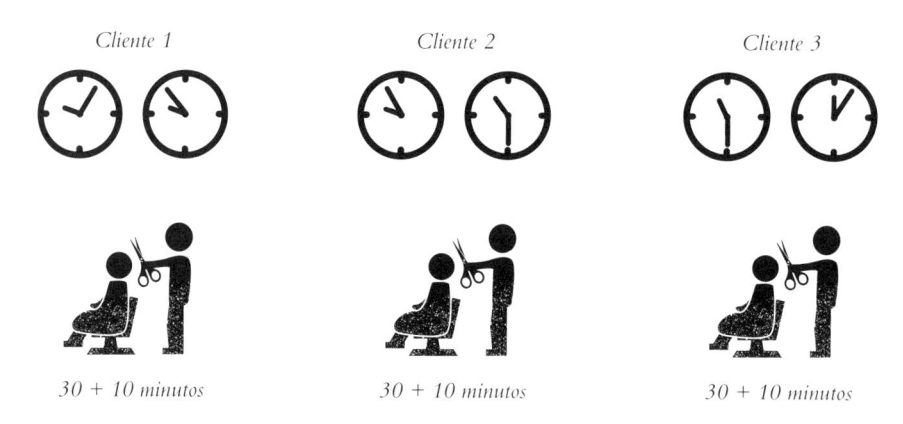

Cliente 1 *Cliente 2* *Cliente 3*

30 + 10 minutos   30 + 10 minutos   30 + 10 minutos

Desta forma, você levaria 2 horas para atender os três clientes. O quarto cliente pode ter compromissos mais tarde, e precisa saber a que horas, mais ou menos, ele estará liberado. Neste caso, você deve seguir a mesma regra e somar mais 40 minutos. Portanto, a previsão de término neste caso seria: tempo de início: 10:10 + 2:40 = 12:50. Ou melhor, podemos afirmar que terminaria entre 12:50 e 13:00.

••• 120 + 30 + 10 = 160 minutos.

No caso de atendimento por agendamento, é necessário um cuidado redobrado para não haver confusão na hora de agendar. Ficar sempre atento quando marcar a data, o mês e a hora. Alguns clientes não admitem que haja sequer 5 minutos de atraso. Para esses, é aconselhável reservar horários no início da jornada, para que eles sejam os primeiros a serem atendidos pela manhã; ou depois do almoço, para não correr o risco de eventuais atrasos e gerar mal-estar sem necessidade.

E, por fim, como usar estratégias de atendimento no sistema misto?

Em primeiro lugar, agendar os serviços mais demorados para os dias com menos fluxo de clientes. Mesmo nesses dias, dependendo da complexidade do procedimento, é aconselhável deixar sempre um espaço de tempo livre que seja suficiente para atender eventuais clientes por ordem de chegada. Além disso, deixar claro para os clientes que estão aguardando por ordem de chegada qual o tempo de espera. Se por acaso tiver que dispensar um cliente por não ter tempo para atendê-lo, você deve tratá-lo igual ou melhor do que se fosse atendido.

CONSELHO DE MESTRE

É muito importante estar sempre atualizado. Indico como fonte de inspiração a internet, viajar e fazer curso no exterior, participar de atividades profissionalizantes e estar ligado em tudo que acontece na moda - cabelo.

Fernando Alves: *hair stylist.* Páginas premium, revista Cabelo & Cia nº 239

· CAPÍTULO 3 ·

Realização do Serviço

...

O profissional de imagem pessoal não apenas cuida do visual de seus clientes como também trata da sua autoestima e os ajuda a realizar sonhos em datas marcantes. Para que haja eficiência na realização do serviço, o profissional deve amar o que faz e tornar o atendimento de excelência uma rotina; atender o cliente com o entusiasmo com que o profissional gostaria de ser atendido. O atendimento de excelência deve ser transformado em missão, de tal forma que possa ser executado com a mesma eficiência tanto pelo dono do estabelecimento como por qualquer um da equipe.

3.1. CONQUISTAR A CONFIANÇA DO CLIENTE

O que faz um cliente mudar de salão? Geralmente, os clientes que procuram um salão de beleza para cortar os cabelos, por algum motivo, estão deixando de frequentar aquele antigo barbeiro ou cabeleireiro que não consegue mais encantar da mesma forma ou superar suas expectativas. Esses clientes são conquistados por profissionais mais atentos ao mercado e ao gosto do cliente, que cada dia mais procuram por um atendimento personalizado.

Antes de procurar outro salão, o cliente busca informações e referências com amigos ou em grupos sociais. Ao chegar a um salão ou barbearia, o cliente analisa o ambiente, verifica se o valor cabe no seu bolso e também começa a observar, dentre a equipe, qual profissional demonstra competência para atendê-lo.

3.2. CONFIANÇA E CONFIABILIDADE

São critérios que o cliente utiliza quando ainda não conhece o trabalho dos profissionais.

CONFIANÇA

A partir do que vê. O cliente observa o entusiasmo do profissional, a postura e o capricho na realização do serviço. Se houver mais de um profissional atendendo, certamente o cliente irá escolher por comparação e empatia. Isso varia de um cliente para outro, dependendo de seu estado de espírito. Há clientes que preferem ser atendidos por um profissional mais calado; outros que escolhem aquele mais comunicativo, e, ainda, outros que preferem rapidez no atendimento.

CONFIABILIDADE

Ser atendido da mesma forma. Para isso, o profissional tem o dever de conhecer o gosto do cliente e oferecer um serviço personalizado. Como fazer isso? Por exemplo: atender um cliente que gosta de cortar os cabelos utilizando a máquina na altura do pente dois. Que mistério tem? Nenhum. No entanto, a finalização pode ser o diferencial. Além de passar a máquina, você pode orientar o cliente sobre as caspas que ficaram evidentes, ou se oferecer para aparar os pelos compridos das sobrancelhas e das orelhas.

Outro exemplo que vale a pena ressaltar: uma cliente procura o salão para escovar os cabelos. Que diferencial pode ser agregado a uma modelagem? Talvez o serviço e a finalização fiquem iguais ao que a cliente está acostumada, porém não custa nada perguntar para a cliente, quando estiver no lavatório, se deseja que lhe faça uma massagem na cabeça (pois seu dia pode ter sido tenso), ou oferecer uma hidratação instantânea, aquela que se aplica e deixa por apenas três minutos, ali mesmo no lavatório. Além de deixar os cabelos tratados, vão ficar mais fáceis de serem manuseados, sem falar no brilho que refletirão na finalização. Quando a cliente retornar e procurar por aquela pessoa que a atendeu, se o tratamento não for o mesmo, certamente a cliente irá perguntar: cadê aquela massagem maravilhosa que você faz? E aquela máscara milagrosa que deixou meus cabelos sedosos? Isso é confiabilidade.

3.3. VISAGISMO E IMAGEM PESSOAL

O conceito de visagismo chegou para ficar no segmento da beleza. O termo vem do francês *visage*, que significa rosto. Por volta de 1940, Fernand Aubry, cabeleireiro e maquiador francês, desenvolveu esse conceito no intuito de identificar o que a pessoa deseja mostrar e criar uma imagem personalizada para seus clientes. É um conceito que exige aprender técnicas novas, adquirir novos saberes e mudar procedimentos predeterminados. Para entender melhor como os visagistas chegaram a tal conceito, muitos estudos foram realizados por especialistas no assunto.

Desde os primórdios já existia uma espécie de consultoria da personalidade. No Oriente, os mais antigos foram os chineses e os hindus (aiurvédico). Os chineses consideram que há 5 tipos de temperamentos, que representam elementos da natureza: água, terra, fogo, metal e madeira; já os hindus identificam apenas 3: *Vata*, *Pita* e *Kappa*.

No Ocidente, Hipócrates, médico grego do séc. IV a.C. considerado o pai da medicina ocidental, fundamentou a teoria dos 4 humores: sangue, fleuma, bílis amarela e bílis negra. O que isso significa? É um sistema de avaliação dos temperamentos, que apresentam características positivas e negativas, sendo eles: sanguíneo, colérico, melancólico e fleumático. Embora todas as pessoas apresentem as quatro características, pelo menos uma predomina.

Hipócrates colocava em prática a sua forma de compreender o organismo humano, incluindo o conjunto de características marcantes de uma pessoa, isto é, a personalidade. E, nessa análise complexa, levava em consideração o temperamento, as características físicas, o comportamento e a cor da pele. Durante séculos, os teóricos aprofundaram a fundamentação de Hipócrates, e hoje ela é utilizada como meio de análise técnica para customizar beleza e moda de forma individualizada.

Seguindo os passos de Aubry, o artista plástico brasileiro Philip Hallawel recolheu todas essas informações antigas e fundamentou, de forma brilhante, o conceito de visagismo, com uma linguagem visual mais técnica e científica. Durante os 40 anos de estudo, Phillip se debruçou para buscar a fundo a confirmação de algo que mudaria radicalmente a visão dos profissionais de imagem pessoal. Para enriquecer sua fundamentação, agregou os conceitos de outros especialistas em comportamento humano; dentre eles, Carl G. Jung, 1960, psicanalista e psiquiatra suíço que criou um tipo de padrão estável de traços de personalidades (com os termos "introvertido" e "extrovertido"), e estudou principalmente símbolos e arquétipos. Embora tenha sido contemporâneo de Freud, sua tendência ideológica tendia para a Psicologia Analítica, que se destacou no uso de técnicas de estudo dos desenhos e dos sonhos. Também estudou Joseph E. LeDoux, neurologista americano da década de 70, que defende que as emoções possuem grande valor adaptativo para o indivíduo. No entanto, diferentes emoções estão associadas a diferentes funções de sobrevivência, o que significa que o indivíduo pode utilizar-se de uma espécie de máscara para certa situações. Com isso, a pessoa nem sempre mostra o que realmente é, ou nem sempre pede o que realmente deseja.

Embora tenha sido o primeiro a utilizar o termo visagismo, Fernand Aubry não deixou nenhuma obra escrita. Apenas disseminou suas técnicas e seus conceitos, que foram bem acolhidos por profissionais renomados da área de beleza e moda na Europa.

Já Philip Hallawel foi o primeiro a deixar uma obra escrita, e tem contribuído imensamente com a criação de uma visão cultural mais artística e científica. Por não ser da área de imagem pessoal, alguns *hair stylists* de renome resistem em atribuir tal mérito a Philip, mas suas obras falam por si. Indico com veemência seus primeiro e segundo livros: *Visagismo, harmonia e estética* e *Visagismo Integrado: identidade, estilo e beleza*, ambos publicados pela Editora Senac.

Na prática, Hallawel utilizou os recursos propostos por todos os teóricos supracitados e os adaptou a vários segmentos, dentre eles o da beleza. Utilizou as linhas básicas dos símbolos e arquétipos para definir os traços de forças e fraquezas nos formatos de rostos; a proporção áurea para ajustá-los a um formato ideal e personalizado; a cor da pele para determinar a temperatura; o olho dominante para descobrir o lado máscara, levando em conta a análise do comportamento de cada indivíduo.

Não é competência do visagista se aprofundar na avaliação da personalidade do cliente, até porque isso se torna invasivo. São os psicólogos e psicanalistas que podem explorar tal área com propriedade e competência. Mas o visagista não deixa de lidar diretamente com a psicologia da imagem: precisa entender o que o cliente deseja, captar suas emoções e expectativas e se adaptar à sua realidade. Isso não tem nada a ver com esoterismo, adivinhação ou algo do campo espiritual. É algo que se faz conversando com o cliente e observando sua reação. Se a pessoa resistir e não passar as informações necessárias, não haverá uma boa consultoria.

"A construção da imagem pessoal afeta o indivíduo no nível emocional e no psicológico, e pode mudar o seu comportamento." (Philip Hallawell, 2010).

Quando uma cliente vai ao cabeleireiro, geralmente ela foca em dois aspectos: o que é feio e o que é bonito. Em nossa mente, o feio soa negativamente, e o bonito, positivamente. Isso é fato. Por isso, o visagista tenta esconder aquilo que é negativo e realçar o que é positivo. Não apenas a beleza externa, visível e evidente, mas também a beleza interior.

Quando isso acontece? Sabe quando alguém se olha no espelho e se acha horrível? Pois é, isso acontece quando existe um desajuste entre a beleza interior e exterior. Parece que o corpo não se encaixa na *anima* (alma). É o que chamamos de uma pessoa desanimada. Se a alma realmente for a forma perfeita do corpo, só nos sentimos plenamente felizes quando olhamos no espelho e nos surpreendemos positivamente. Depois de uma produção completa (roupa, penteado e maquiagem), algumas pessoas ficam tão felizes que chegam a ficar em êxtase diante do espelho, e se perguntam: "Essa sou eu mesma? Urruuuhh! Vou arrasar!" Evidentemente, uma mudança exterior mexe também com a autoestima.

Foi com essa percepção que Philip Hallawell, baseando-se na linguagem visual, utilizou as linhas básicas dos símbolos e arquétipos para fazer uma leitura do rosto que combina a estrutura, as feições de cada pessoa e a cor da pele, associando-as às características de cada temperamento.

Os quatro tipos de linhas que estruturam os quatro formatos geométricos básicos são: linhas verticais, horizontais, inclinadas e curvas.

As linhas verticais são linhas de força, controle e estrutura. Associadas à retidão e liderança, são consideradas linhas frias.

As linhas horizontais também são consideradas linhas frias, que intimidam e negam. Expressam estabilidade, segurança e poder.

Os formatos de rosto quadrado e retangular são formados por linhas verticais e horizontais, que expressam poder, segurança, intelectualidade e autoconfiança. Por isso, o padrão de rosto masculino mais desejável para a moda é o quadrado, que expressa masculinidade e força.

Linhas inclinadas são dinâmicas, dramáticas e criam uma sensação de insegurança, instabilidade e agitação. Quando direcionadas para cima, criam uma sensação de leveza; para baixo, criam peso; para fora, extroversão; para dentro, introversão; para frente, expressam agressão, e para trás, medo e insegurança. O triângulo, por exemplo, é o símbolo do perigo. É uma imagem instável e passa a sensação de insegurança.

Já as **linhas curvas** são consideradas linhas quentes, que emitem emoção. Quando são curvas longas e onduladas, proporcionam paz, calma, romantismo e sensualidade. As curvas fechadas emitem conturbação.

Como aplicar isso na prática? Em tempos tão conturbados, onde nos deparamos com exacerbada intolerância, intimida-nos olhar para um rosto desconhecido sem deixar o cliente constrangido. Mas, com jeitinho, tudo é possível. Primeiro, temos que adquirir conhecimento e, em seguida, temos que ter postura e demonstrar competência.

Aqui não vamos nos aprofundar nas características dos temperamentos no que diz respeito a forças e fraquezas, ou seja, gostos e atitudes positivas e negativas de cada temperamento. Mas se você deseja saber a qual grupo pertence, alguns *sites* sugerem testes simples sobre cada temperamento ou então procure um profissional especializado no assunto. De uma forma simplificada, podemos sugerir para cada cliente um tipo de corte de cabelos relacionando apenas temperamento e formato de rosto:

- **SANGUÍNEO** – geralmente são pessoas de rosto hexagonal, que têm testa estreita e queixo fino contrastando com as bochechas largas.

  Sugestão: evitar cortes muito curtos; eliminar o volume dos lados; evitar pentear o cabelo todo para trás e dar destaque para as mechas laterais para suavizar as bochechas.

- **COLÉRICO** – a maioria tem formato de rosto retangular, maxilar e testa com largura semelhante, traços retilíneos e angulosos na altura, o que cria a impressão de afastamento entre a testa e o queixo.

  Sugestão: evitar franja reta e curta, para não deixar o rosto quadrado. Se a cliente não quiser abrir mão da franja, convença-a a fazer uma que seja falsa ou desfiada. O repicado suaviza as linhas e gera harmonia.

- **MELANCÓLICO** – formato de rosto triangular (queixo largo e testa estreita) ou triangular invertido (queixo fino e geralmente pronunciado e testa larga achatada).

  Sugestão: Se for triangular, aconselha-se que utilize franja reta e, na parte de baixo, fios voltados para dentro. No caso de triangular invertido, é aconselhável não usar franjinha reta e evitar *chanel* de bico, para não deixar o queixo mais pronunciado.

- **FLEUMÁTICO** – rosto quadrado ou redondo, ambos com altura e largura aproximadas, porém o quadrado com linhas retilíneas mais definidas.

Sugestão: se o rosto for redondo, evitar franjas curtas e não partir os cabelos ao meio ou criar volume nas laterais. O ideal é alongar o rosto, criando volume no topo e deixando as mechas mais longas, de preferência com as pontas viradas para dentro.

Quanto às características de cada temperamento, não vamos abordá-las aqui.

• • •

Reflexão

Quando me olho no espelho, quero surpreender-me com um brilho nos olhos,
Olhando de frente, fitando em meus olhos e me encontrando.
E nesse encontro tão íntimo, posso ver bem no fundo do meu olhar o que tenho e o que me falta.
Não vou deixar que o tempo distorça a minha imagem tosca que resisto em não ver.
Não vou me importar com o que falta em mim, porém a cada instante persisto em buscar o que me complete, me emocione, me envaideça e me faça feliz.
Então serei eu, me vendo a fundo, olhando profundo naquilo que só eu posso ver.
Não me importa o que falem e o que pensem de mim.
O que importa é realmente quem eu sou, e pronto.

João de Deus

• • •

3.4. IDENTIFICAR AS NECESSIDADES DO CLIENTE

Qual? Cliente interno ou externo? Certamente os dois. É fundamental lembrar sempre que o cliente externo mantém a empresa, e o interno é a vida da empresa. Ao cliente interno é preciso perguntar sempre se ele está satisfeito com o trabalho, quais são as dificuldades e o que a empresa pode fazer para deixá-lo mais realizado. Para isso, não podemos esquecer dos dois Rs: Reconhecimento e Recompensa. Aqui vamos direcionar mais ao cliente externo.

Quando os cabelos vão ficando difíceis de pentear, perdendo a cor, passando do tamanho que o cliente está acostumado a usar, os salões são acionados para socorrer. A princípio, se for feminino, a cliente que tem pavor de cortar os cabelos recorre ao cabeleireiro apenas para tratar ou tentar camuflar com colorações. Para essas clientes, seus cabelos são um bem inestimável.

Fiz uma pesquisa com minhas clientes com a seguinte pergunta: quantos por cento seus cabelos influenciam na sua beleza? A maioria respondeu 80%. Tal é a responsabilidade de cuidar dessas clientes, que tem um gasto mensal com xampu, condicionador, reconstrutor e reparador de pontas, sem falar nas luzes e mechas, que tem um valor elevado. Portanto, vale a pena lembrar que a cliente faz um investimento para manter sua beleza. É por isso que quando elas pedem pra tirar as pontinhas, tem que ser só as pontinhas mesmo. Se quiser fidelidade, seja fiel. Trate a cliente como uma diva, faça exatamente o que ela pedir e faça o melhor para deixá-la encantada com a própria beleza. Em alguns casos, não tem como deixar os cabelos bonitos sem cortá-los: é nessa hora que o cabeleireiro entra em cena para sugerir o que ficará mais belo e mais harmônico.

No caso dos cabelos masculinos é mais simples. A maioria dos homens não gosta de cabelos roçando no pescoço e nas orelhas; isso incomoda. Quando os homens vão à barbearia, fazem de tudo para ficarem livres dos pelos que, para eles, estão sobrando. Pode acontecer que, ao conversar com o barbeiro, o cliente decida também ajeitar a barba ou, quem sabe, a sobrancelha. O profissional barbeiro ou cabeleireiro não deve induzir o cliente a fazer algo mais apenas por interesse financeiro, mas sobretudo realizar os desejos do cliente, superando as suas expectativas e o orientando sobre como melhorar o visual. Mostrar para o cliente que as suas sobrancelhas encontradas o estão deixando com o semblante fechado, ou que o formato da barba não está combinando com o formato do rosto. Tudo isso podem ser diferenciais que levantam a autoestima do cliente.

3.5. ENTENDER E COMPREENDER O GOSTO DO CLIENTE

Os clientes fidelizados sentem-se confortáveis ao serem atendidos por profissionais que já conhecem seus gostos e mimos. Esses clientes chegam, sentam-se e pedem para fazer o de sempre. São clientes de perfil tradicional que, geralmente, não gostam de ficar migrando de uma barbearia para outra.

No entanto, podem mudar se seu barbeiro deixar de encantá-lo. Já outros clientes que são fascinados por novidades podem migrar facilmente. Basta oferecer-lhes algo novo e logo são conquistados por outros profissionais. Por isso, é muito importante conhecer o público-alvo.

Ainda hoje, há clientes que chegam aos salões pedindo para fazer corte buscarré, meia cabeleira, cabeleira cheia, entre outros. A maioria dos barbeiros atuais não conhece essa linguagem, que pode ser simplificada e atualizada para os dias de hoje. Para isso, os profissionais precisam conhecer a história da sua profissão e os nomes de cortes antigos, contemporâneos e modernos. Devem conhecer também as tendências das barbearias repaginadas nos segmentos *old school* e *new school*, assim como as das tradicionais. Os cortes modernos quase sempre são releituras de cortes antigos. Podem até surgir com outros nomes e em outros idiomas, mas sempre são inspirados em cortes retrô.

Às vezes, o cliente pede um corte de cabelo, fala o nome do corte, mas na verdade quer outro. É preciso ficar atento e não contar apenas com a experiência e intuição. Na dúvida, ofereça uma revista para escolher o corte, peça para ele mostrar uma foto, compare e confirme se realmente é o corte que o cliente escolheu. E, mesmo que fique idêntico, o cliente sempre pede um detalhe a mais; pede para diminuir o volume das laterais, mudar o formato da costeleta e, principalmente, para adaptar o corte ao penteado de costume. Portanto, antes de realizar qualquer procedimento, compreenda perfeitamente o que seu cliente realmente deseja antes de começar.

. . .

Caso

Certa vez, um colega de trabalho atendia um cliente assíduo, daqueles que chegavam, sentavam-se e não queriam muita conversa. E, se o barbeiro lhe perguntasse como ele queria que cortasse seus cabelos, ele respondia: "calado". Esse cliente era conhecido pelo apelido de "Paraíba". De temperamento esquentado, xingava muito quando alguém lhe importunava; tinha um semblante inconfundível pelas sobrancelhas arrepiadas e encontradas, e um enorme bigode, que lhe deixava ainda mais sisudo. Nesse dia, ele até que estava prosista, e nem viu o tempo passar enquanto seus cabelos eram corta-

dos. Ao terminar, meu colega lhe perguntou:

– Paraíba, vamos aproveitar e tirar a barba?

Paraíba concordou. Já que estava ali mesmo, quis fazer o serviço completo.

Enquanto afeitava a barba, meu colega perguntou novamente:

– Paraíba, e o bigode, vai ou fica?

O cliente respondeu enfático:

– O bigode vai.

Então o barbeiro, em uma só navalhada, retirou a metade do bigode do cliente. Quando Paraíba sentiu que seu bigode fora arrancado, arregalou os olhos, levantou-se da cadeira, olhou-se no espelho e disse:

– Desgraçado! Olha o que você fez! Há quarenta anos não tiro esse bigode!

Fez-se um silêncio. Paraíba olhava para o espelho, olhava para o barbeiro; meu colega, nervoso, sem graça e muito desapontado, ainda ousou perguntar:

– E agora, Paraíba? O que vamos fazer?

O cliente olhou-se no espelho novamente e respondeu:

– Você acha que eu vou ficar só com uma banda do bigode, feito palhaço?

Então, todo o bigode foi retirado, e Paraíba saiu indignado.

Por uma simples questão de interpretação, o cliente se confundiu. Quando o barbeiro lhe perguntou se o bigode ia ou ficava, Paraíba entendeu que seu bigode iria intacto pra casa. Não foi o que o barbeiro quis dizer. Para o barbeiro, quando perguntou: "o bigode vai?", ele quis dizer: "vai ser retirado".

3.6. COMO SUPERAR AS EXPECTATIVAS DO CLIENTE?

Realizar um bom trabalho e atender o cliente com presteza são nossas obrigações como profissionais. Mas podemos ir além disso e fazer um atendimento de excelência, acrescentando um pouco mais para agradar e surpreender o cliente. Com pequenos gestos, podemos conquistá-lo e deixá-lo encantado com o atendimento. Como fazer isso? Combinando simpatia, excelentes serviços e acrescentando algo que chamamos de diferencial.

Um dos exemplos de encantamento do cliente, contado pelo palestrante brasileiro Daniel Godri, revela como encantar o cliente oferecendo um pouco mais do que ele espera.

Suponha que você esteja viajando com seu automóvel para uma cidade do interior; você está indo se hospedar em um hotel que reservou por lá – o melhor da cidade. Você está passando por uma estrada deserta, porque você decidiu pegar um atalho para chegar mais cedo. Por azar, por um segundo, você tentou desviar de um animal, para não colidir, resultando em dois pneus furados, e você não sabe o que fazer.

Suponha que esteja escurecendo e você esteja apavorado e sem saída. Ali, naquele desespero, ninguém para te dar carona. Você avista ao longe uma luzinha, e pensa: "Bem, vou caminhar até lá, pelo menos peço ajuda e vou dormir naquela casinha". Quando você chega àquela casa, descobre que é uma pensão. Está escrito lá: "Pensão da Dona Maria". Então você pensa: "Nossa! Eu ia dormir no carro mesmo, eu vou dormir aqui. Sei que não vou ter grande conforto, como no hotel onde eu ia me hospedar; sei também que aqui a minha expectativa é muito baixa e não posso esperar muito, mas é melhor dormir aqui do que na estrada!"

Suponha que, quando você bater à porta daquela hospedaria, apareça um senhor pra lhe atender com todo entusiasmo:

– Seja bem-vindo! Qual o seu nome? Entre e fique à vontade!

Você, então, lhe conta a sua história. Ele se comove, lhe dá a chave de um quarto e diz:

– Por favor, o senhor fique tranquilo aqui! Vou com o meu filho aonde está o seu carro, vou levar um trator, guinchar seu carro e trazê-lo. Fique tranquilo! Depois a gente vê o que pode fazer!

E quando você estiver no quarto, relaxando um pouco de toda aquela angústia, de todo aquele medo, você escuta bater à porta. Quando você vai atender, é a esposa do dono da pensão. Ela diz:

– Olha, eu sei que está uma noite muito fria; levantei da minha cama e fui preparar uma sopa pra você. Sabe por quê? Uma sopa vai ajudar você a relaxar e dormir tranquilo.

Quando ela deixa a sopa, você começa a ficar literalmente encantado:

– Meu Deus do céu! Eu nunca vi um atendimento como esse!

Aí você dorme. Quando você acorda no outro dia de manhã, o dono da pensão bate à porta do seu quarto e o leva até o local de tomar café. Quando você está tomando café, ele mostra a chave do seu carro diz:

– Olha! Enquanto você dormia, eu e meu filho tomamos a liberdade de ir até à cidade mais próxima; trouxemos aqui um borracheiro, que arrumou os dois pneus, e o seu carro está perfeito, pronto pra seguir viagem.

Você vai dizer: "Uauu! Nunca vi um atendimento como esse! Esse hotel é maravilhoso! Esse pessoal é fantástico!" E você sai apaixonado pelo atendimento.

Agora, imagine que você continue seguindo viagem. Você está indo em direção àquela cidade para a qual tinha planejado ir. Quando você chega à tal cidade, hospeda-se no melhor hotel, o que tinha reservado, e por ser o melhor hotel, é claro que todos vão lhe atender bem. Aliás, eles são bem treinados para isso. Mas, por azar, você entra no seu apartamento e percebe que está faltando um travesseiro, por exemplo. Pode ter sido um simples esquecimento da camareira. Então, você vai dizer: "O que é isso! Esse hotel não está com nada! Esse hotel é uma droga!"

Como pode um hotel de beira de estrada surpreender e um hotel cinco estrelas o deixar decepcionado? Perceba que o segredo está em superar a expectativa do cliente.

3.7. RESPEITAR OS CONCEITOS, CULTURAS E CRENÇAS.

Hoje em dia, muitos clientes ainda preservam alguns costumes relacionados ao corte de cabelo – uns por questões religiosas; outros por tradição, e até mesmo por superstição. Tenho clientes que não cortam os cabelos na quaresma; outros que também não cortam na lua minguante. Infelizmente, ainda existem mulheres que são escravas da vontade dos que lhes cercam. Quando eram crianças, seus pais ameaçavam espancá-las se cortassem os cabelos. Cresceram e se casaram; da mesma forma, seus maridos também as proibiam, e hoje são seus filhos que as proíbem.

Atendi uma cliente, há alguns meses, que tinha um cabelo enorme. Tocava na dobra dos joelhos. Ela me disse que seus cabelos eram um véu, segundo sua religião. Quando sugeri que tirasse as pontinhas, ela deu um salto! Disse que seus cabelos eram consagrados a Deus, e que por isso eram ungidos. Afirmou também que várias vezes tocara com seus cabelos em pessoas enfermas, as quais eram curadas.

Achei bonito aquele respeito e dedicação. Perguntei se ela não se importaria que eu olhasse seus cabelos; ela o desenrolou e enrolou imediatamente, dando umas dez voltas naquela cabeleira. Ali não era uma questão de exibir a beleza, e sim a importância e o significado daqueles cabelos abençoados, que ela carregava consigo. Entendendo os cuidados daquela preciosidade, pedi para que ela soltasse novamente as madeixas para que eu analisasse melhor a textura dos fios. Percebi que estavam muito danificados, quebradiços e com muitas pontas duplas.

Então instiguei a cliente mais um pouco, utilizando argumentos que pudessem lhe convencer a fazer pelo menos um tratamento capilar. Comecei a deslizar meus dedos por entre os cabelos e continuei perguntando: "Então seus cabelos são um grande véu?! É lindo um véu, branquinho e bem passado, né?" Ela confirmou, meio sem graça, demonstrando não entender a minha pergunta, mas lhe fiz outra: "Certamente a senhora conhece a história de Caim e Abel, tô certo?" Ela confirmou: "Claro! De cor e salteado, Gêneses, capítulo 4". E continuei: "Quando eles oferecem a Deus os frutos da terra e o trabalho de suas mãos, quem agradava mais a Deus? Caim, que oferecia os frutos defeituosos e de qualidade inferior, ou Abel, que oferecia os melhores primogênitos de seu rebanho?" "Abel", respondeu ela. Continuei a perguntar: "Então? Você não acha que Deus se agradaria mais com os seus cabelos brilhosos e bem tratados do que assim, todo quebradiço?" Ela ficou calada por alguns segundos, com a mão na boca, olhando pra mim, me perguntou: "O que você quer dizer com isso? Você tá querendo cortar meus cabelos?" Tranquilamente respondi: "Não! Quem disse que para deixar seus cabelos bonitos e tratados precisa cortar?" Naquele momento, vi os olhos daquela senhora brilharem, porque respeitei seus credos e seus valores. Só precisava oferecer algo que não tocasse no comprimento daquele cabelo.

Enfim, lhe convidei a fazer um corte bordado e uma cauterização.

– O que é isso? – perguntou-me ela, curiosíssima.

Expliquei que é um procedimento feito com um aparelho que retira apenas as pontas duplas dos cabelos, sem cortar um milímetro do comprimento. E a cauterização seria uma reposição de aminoácidos e vitaminas, finalizando com a selagem dos fios com a utilização do secador e chapinha.

Era o que ela queria ouvir. Nem perguntou o valor, e me pediu que fizesse. Ela adorou o resultado, e ainda levou mais outras irmãs da sua igreja para fazerem os mesmos procedimentos.

COMPLEXOS

Ainda tem muitos clientes que se envergonham do tamanho da testa, tamanho ou defeito nas orelhas e cicatrizes. Outros que não gostam do seu formato de rosto, achando que é muito redondo. A esses clientes precisamos mostrar e realçar aquilo que eles não estão vendo, a beleza que está escondida.

3.8. O PASSO A PASSO DO ATENDIMENTO EM SALÃO DE BELEZA

Cada salão tem um sistema de atendimento, personalizado de acordo com a sua missão. Aqui vamos dar alguns exemplos de procedimentos de higienização, cortes feminino e masculino, e análise capilar.

1. Definir com clareza o que o cliente deseja para não frustrar suas expectativas;
2. Não começar a cortar antes de ter certeza que é isso mesmo que o cliente quer;
3. Organizar os materiais.

É agradável quando a gente chega a um restaurante que, mesmo lotado, mesmo tendo que esperar desocupar uma mesa, quando se desocupa, o garçom vai lá, retira todos os talheres e restos de comida, e num instante a mesa fica impecável – os talheres, pratos e taças organizados e geometricamente perfeitos.

Da mesma forma, os dentistas. Além de organizarem tudo, higienizam e esterilizam cuidadosamente os objetos antes de atenderem o próximo cliente.

São exemplos a serem seguidos por nós cabeleireiros, barbeiros, manicures e todos os outros segmentos de imagem pessoal.

4. Utilizar os Equipamentos de Proteção Individual (EPIs), tais como: luvas, máscara, óculos protetor, jaleco e touca. Esses equipamentos não servem apenas para a proteção do profissional, mas também protege e dá segurança ao cliente.

5. Realizar os procedimentos de acordo com o POP (Procedimento Operacional Padrão), seguindo uma sequência nos procedimentos de forma organizada.

6. Ergonomia

- Ter cuidado com a postura; escolher sapatos fechados e confortáveis;

- Regular a altura da poltrona de acordo com a altura de cada profissional e de acordo com cada procedimento.

7. Fazer a higienização correta dos materiais, utilizando produtos apropriados para cada procedimento; ou seja, respeitar os níveis de desinfecção e esterilização, de acordo com as orientações da ANVISA.

8. Manter certa distância do cliente ao realizar procedimentos que exijam contato direto, tais como maquiagem, design de sobrancelhas, extração e modelagem de barba.

9. Evitar falar enquanto estiver muito próximo do cliente; se tiver que falar, usar máscara. Nada de bate-papo com outro cliente ou colega de trabalho enquanto seu cliente estiver sendo atendido. Aquele momento é só para ele. Quando isso acontece, o cliente sente-se isolado ou sem importância.

10. Trabalho em equipe e organização das tarefas.

É possível atender o cliente realizando dois procedimentos ao mesmo tempo: enquanto o cabeleireiro corta, a manicure arruma as unhas. Uma equipe de barbeiros pode também dividir as tarefas: um corta, o outro faz o alisamento ou modela a barba.

Ao terminar de cortar os cabelos de um cliente, o barbeiro deve limpar os cabelos da sua frente e da poltrona, retirando-os do chão – não apenas aqueles cabelos do seu cliente, mas também os dos clientes dos seus colegas que ainda estão cortando. Assim, manterá o ambiente limpo, e toda a equipe será beneficiada.

HIGIENIZAÇÃO

Antes de iniciar qualquer procedimento deve-se lavar as mãos, de preferência na presença do cliente. Geralmente o profissional vai ao toalete, e o cliente não tem como saber se o cabeleireiro lavou as mãos no lavabo lá de dentro. O ideal é ter uma pia ou lavabo próximo ou entre as bancadas de atendimento.

TOALHAS

Muitos profissionais optam por toalhas escuras em seus salões. Segundo eles, o objetivo é esconder a sujeira. O ideal para o procedimento de lavagem simples é utilizar toalhas claras. Não há nenhuma razão para se esconder qualquer sujeira, mesmo porque devemos usar a toalha apenas uma vez em cada cliente. A não ser que a cliente tenha pintado os cabelos de preto ou vermelho em casa – se usar uma toalha branca, pode ficar toda manchada e encardida. Neste caso, é aconselhável utilizar toalhas escuras para procedimentos de colorações escuras; vermelhas para colorações vermelhas, e brancas para descolorações, colorações claras e lavagem simples.

Além de limpas, as toalhas devem ser enroladas e guardadas em armário fechado ou de vidro. Se ficarem expostas devem ser embaladas individualmente em sacos de plástico.

PASSO A PASSO PARA A LAVAGEM DOS CABELOS

1. Verificar se os vasilhames de xampu e condicionador estão abastecidos;
2. Pedir ao cliente para se dirigir ao lavatório e sentar-se sem encostar a cabeça na pia, por enquanto;
3. Dobrar a borda da toalha virada para baixo e colocá-la sobre o pescoço do cliente;

4. Pedir para o cliente reclinar a cabeça para trás, auxiliando-o e conduzindo a cabeça no encaixe do lavatório; observar também se entre a nuca e o encaixe do lavatório não ficou folgado, para não escorrer água nas costas do cliente;

5. Perguntar ao cliente qual temperatura da água ele deseja;

6. Segurar a ducha virada para baixo, para não dar um banho no cliente, de início. Logo em seguida, ligar a torneira e verificar a temperatura da água antes de molhar a cabeça do cliente;

7. A cada passo que for realizado, avisar para o cliente sobre o próximo passo. Por exemplo: se for usar o xampu duas vezes, quando aplicar o primeiro, avise para o cliente que ainda vai ser aplicado mais uma vez, e por último o condicionador. Para não correr o risco de o cliente achar que terminou e levantar antes da hora, escorrendo água pelas costas do mesmo jeito.

8. Depois de lavados, retirar o excesso de água e enxugar os cabelos do cliente, desencaixando a cabeça do lavatório. Se os cabelos forem compridos, enrole-os e faça uma touca com a mesma toalha.

PASSO A PASSO DO CORTE DE CABELOS

1. Convidar o cliente a sentar-se na poltrona de procedimentos; segurar a cadeira para auxiliar o cliente com segurança. Geralmente, quando os clientes sentam-se na cadeira do cabeleireiro, a primeira ação é pisar no suporte de descanso dos pés. O que acontece? A cadeira se desestabiliza e o cliente cai.

2. Colocar a gola higiênica no pescoço para evitar o contato direto da capa de corte, que pode ter sido usada em outra pessoa. Colocar a capa de corte prendendo-a sobre a gola e ajustando-a de forma que não sufoque o cliente, e nem fique folgada, para não entrar cabelo. Alguns salões preferem usar capa de corte descartável. Neste caso não há necessidade de utilizar gola higiênica.

3. Para os cortes femininos é aconselhável dividir os cabelos sem deixar cair no rosto ou atrapalhar a visibilidade. Da mesma forma, nos cortes masculinos, quando estiver cortando deve-se retirar os pelos que vão caindo no rosto ou no pescoço. Algumas pessoas tem gastura, principalmente no calor, quando os cabelos se misturam com o suor.

4. Nos cortes femininos, principalmente daquelas clientes indecisas, compartilhe cada passo do corte, mostrando para a cliente o que vai ser cortado. Se ela pedir para cortar dois dedos no comprimento, pergunte-a se essa medida é referente aos dedos dela ou aos seus, porque os seus dedos podem ser o dobro da largura dos dedos de sua cliente.

5. No caso do corte masculino, o acabamento feito à navalhete deve ser com lâminas descartáveis, preferencialmente trocadas na frente do cliente. Além de trocar as lâminas, o navalhete deve ser higienizado com álcool 70%. No caso de extração de barba, o navalhete deve ser autoclavado, ou esterilizado na estufa. Nesse caso, o material deve ser todo em inox. Caso não haja nenhum desses aparelhos pode-se utilizar uma desinfecção de alto nível, por exemplo, com ácido peracético, seguindo as instruções do fabricante.

6. Ao finalizar o trabalho, mostre para o cliente o resultado, através de um espelho retrovisor no tamanho mínimo de 40x40cm. Ao se colocar atrás do cliente, fique no mesmo plano dele projetado no espelho principal. Incline o espelho que está na sua mão na diagonal a uma distância média de 50cm da cabeça do cliente. Se você estiver vendo toda a cabeça dele pelo espelho da frente, certamente ele também a estará vendo.

7. Antes de retirar a capa, limpe todo cabelo que caiu no rosto, nas orelhas e no pescoço do cliente; pergunte se pode retirar os pelos que descem colarinho abaixo; certifique-se se está tudo em ordem, pergunte para o cliente se tem algo a mais para fazer. Em alguns casos, quando o freguês é um senhor de idade, geralmente eles pedem para aparar os pelos das orelhas, do nariz ou das sobrancelhas. Caso o cliente não peça, se ofereça. Não custa nada fazer esses mimos para agradar o cliente.

ANÁLISE CAPILAR

Antes de fazer qualquer procedimento químico o cabeleireiro tem o dever de fazer uma análise superficial do fio de cabelo e do couro cabeludo. Não precisa ser tricologista ou esteticista para fazer tal análise. É praticando que se aprende a analisar. E aqui vão algumas dicas:

- Tipo de cabelo (liso, ondulado, cacheado, crespo, crespo carapinha)
- Estrutura (fino, médio, grosso)
- Oleosidade (seco, misto oleoso)
- Porosidade (sedoso, macio, poroso, pontas duplas ou triplas, quebradiço, corte químico e emborrachado)
- Quimicamente tratado (coloração, descoloração, alisado, relaxado, com progressiva)
- Aspecto visual (brilhoso, opaco)

Devemos reconhecer que no Brasil não é fácil fazer uma análise capilar precisa a olho nu. O povo brasileiro, devido à miscigenação, tem uma diversidade de estrutura dos fios de cabelos que dificulta avaliar com precisão. Segundo Denise Braga, especialista no assunto, "os cabelos afros são muito finos; os caucasoides são finos a medianos, e os mongóis são realmente grossos, mas exceções podem ocorrer e devemos estar atentos a elas." Denise é autora do livro *Manual de Instruções – Terapia Capilar*, Ed. Senac.

Geralmente, quando o cliente está vindo de outro salão por motivo de serviço mal feito, o profissional cabeleireiro não pode cair na tentação e apontar defeitos no serviço do concorrente. Da mesma forma que o cliente tem facilidade de falar do seu antigo cabeleireiro, quem garante que ele não retornará e contará para o concorrente que você está denegrindo a imagem dele? A melhor forma de ganhar o cliente é prestando um bom atendimento, com ética profissional e especialidade no assunto.

CONSELHO DE MESTRE

Uma dica que dou é nunca dizer "não". Se não for possível executar um serviço que foi pedido, deve-se oferecer uma alternativa: "o que você acha de fazermos isso…" Porque nada é definitivo, tudo pode ser dito e negociado, desde que seja feito com delicadeza, simpatia e carinho.

Rudi Werner - Beleza, um bom negócio

· CAPÍTULO 4 ·

Pós-atendimento

O profissional que ama o que faz sente-se realizado ao terminar um trabalho que valorize a aparência do cliente e levante sua autoestima. Ao fazer com que o cliente se encante com sua imagem através da nossa dedicação, isso gera também, em nós profissionais, uma sensação de dever cumprido e, sobretudo, imensa satisfação em ser útil. Isso vale mais do que o valor cobrado, no que diz respeito à realização pessoal.

O profissional que ama o que faz sente-se realizado ao terminar um trabalho que valorize a aparência do cliente e levante sua autoestima. Ao fazer com que o cliente se encante com sua imagem através da nossa dedicação, isso gera também, em nós profissionais, uma sensação de dever cumprido e, sobretudo, imensa satisfação em ser útil. Isso vale mais do que o valor cobrado, no que diz respeito à realização pessoal.

4.1. FATORES POSITIVOS

TERMINAR NO TEMPO PREVISTO

Caso o cliente tenha esperado muito tempo por causa de imprevistos, peça-lhe desculpas e agradeça por ter confiado e escolhido seu salão;

FORMA DE PAGAMENTO

Embora a empresa tenha políticas de preços e formas de pagamento definidas, deve-se oferecer ao cliente várias opções para que ele escolha a que for melhor para ele. Além das opções de pagamento, pode-se oferecer desconto quando o cliente pagar à vista; dar-lhe um brinde quando o valor ultrapassar certa quantia, ou parcelar quando o cliente fechar pacote de alto valor, e, por fim, convidar para participar de algum sorteio. De qualquer forma, o cliente deve ser conquistado pela cortesia, o que influenciará na propaganda boca a boca.

CADASTRO

Ao recolher os dados do cliente, deve-se criar um cadastro em ordem alfabética, seja com fichário ou planilha, contendo nome completo, data de nascimento, endereço e número de telefone.

DIAGNÓSTICO

Sempre que realizar um procedimento mais complexo, é muito importante ter esses dados registrados. Por exemplo: a cliente fez uma coloração há 3 meses e retornou ao cabeleireiro dizendo que tinha amado o resultado. No entanto, dessa vez ela quer deixar um tom mais escuro. Como você saberá qual tinta aplicou nos cabelos da cliente se ela não se lembra e nem você anotou nada? Veja o exemplo de um diagnóstico:

NOME: NORMA SANTOS SILVA	DATA: 22/06/2017	PROCEDIMENTO: COLORAÇÃO
Cor natural dos cabelos: cast. claro Pontas: cast. claro dourado	% de brancos: 30%	
Tintas utilizadas : 1 louro escuro 1 louro cinza médio (marca)	Ox: 30vl	Tempo de pausa: 40min
Observação: cliente alérgica à amônia		

Com esse dados você conseguirá controlar e alterar os procedimentos com segurança e precisão.

4.2. FATORES NEGATIVOS

COBRAR VALOR ACIMA DO COMBINADO

Os valores dos serviços solicitados pelo cliente devem ser acertados ainda no pré-atendimento. Caso o cliente queira mudar ou acrescentar outros serviços, o atendente deve informá-lo o valor do acréscimo. Muitas vezes o cliente acha que aquele serviço está incluído no valor; alguns até agem de má-fé para ganhar o serviço.

RECLAMAÇÃO DO SERVIÇO OU ATENDIMENTO.

É preciso estar atento a tudo que acontece à nossa volta. Nem sempre o cliente se manifesta quando não fica satisfeito com o serviço. Os que reclamam são aqueles que pretendem dar-nos nova oportunidade e continuar procurando por nossos serviços, caso suas reclamações sejam resolvidas, enquanto a maioria dos que não reclamam migra para a concorrência. Vale lembrar que os clientes estão bem informados sobre o direito do consumidor, e não precisa ser advogado para entender do assunto. Por isso, ficam algumas dicas para administrar as reclamações:

1. Não ficar na defensiva, como se o cliente quisesse denegrir sua imagem. Escute-o atentamente, sem desviar o olhar; receba a reclamação, colocando-se no lugar dele; demonstre interesse com atitudes positivas. Aproveite a opinião do cliente para corrigir o mais rápido possível aquilo que você ainda não tinha detectado.

2. Embora qualquer reclamação seja desagradável, assuma a responsabilidade por você, pelo seu colega ou pelos seus funcionários, e, se possível, peça-lhe desculpas, afirmando que tal problema será sanado.

3. Se o problema estiver relacionado a produtos, apure e corte o mal pela raiz. Inspecione o estoque e suspenda o produto até que seja devidamente esclarecido. Caso seja por mau comportamento ou serviço malfeito por funcionário, chame-o em particular, demonstrando insatisfação com o ocorrido, e oriente-o para que não aconteça novamente. Se o fato tiver ocorrido por questões técnicas do funcionário, dê-lhe um novo treinamento, passo a passo, e fique de olho nele de modo que ele perceba que você está atento.

4. Pergunte para o cliente o que você pode fazer para compensar tal descontentamento. Se o problema for com o produto, troque-o; se for serviço diferente do que foi pedido, devolva o dinheiro, e se o serviço combinado não ficou exatamente como o cliente pediu, refaça-o.

5. Refazer o serviço – além de perder tempo e produto, o cliente fica inseguro quando tem que retocar um serviço que não ficou como ele esperava. Para o profissional, é uma questão de honra e zelo fazer a correção com a mesma satisfação e cuidado. Torna-se constrangedor quando o salão está cheio de clientes e chega alguém dizendo que não gostou do serviço, e que retornou para que o refaça ou devolva o dinheiro. Isso não é coisa de outro mundo. Todo profissional, por melhor que seja, acaba errando um dia. Portanto, humildade, dedicação e capricho nunca são demais.

4.3. AVALIAR A SATISFAÇÃO DO CLIENTE

Não é tão simples mensurar o grau de satisfação do cliente – por isso existem empresas especializadas no assunto –, mas podemos usar a experiência que temos para fazer também nossa pesquisa direcionada.

A melhor maneira de avaliar a satisfação do cliente é conhecer cada um e compreender seus gostos, sua cultura, seus costumes e suas manias. Nos salões de beleza, como em qualquer ramo comercial, temos clientes de longas datas, alguns assíduos e outros esporádicos; temos aqueles dos últimos três anos, que continuam indicando outros, e temos os clientes recentes, que geralmente estão encantados com o nosso trabalho, mas ainda não conhecem todos os nossos serviços.

Outra maneira simples de avaliação da satisfação do cliente em salão de beleza é deixar exposta uma urna para sugestões, avaliações e reclamações. Pode ser feito através de questionário pronto ou simplesmente o cliente escreve o que quiser num papel em branco. É aconselhável não confeccionar um questionário muito extenso, para não tomar muito tempo do cliente, e nem exigir que ele se identifique. A identificação pode inibir possíveis reclamações. Veja um exemplo simples de questionário.

PESQUISA DE SATISFAÇÃO DO CLIENTE

Quantos anos você tem?

Sexo

Onde mora?

Há quanto tempo você frequenta este salão?

Que diferencial leva você a frequentar este salão?

Dê sua nota ao grau de satisfação, de 1 a 10
( ) Simpatia no atendimento
( ) Tempo de espera
( ) Preço
( ) Qualidade dos serviços prestados
( ) Qualidade dos produtos utilizados
( ) O ambiente
( ) A localização
( ) Nível de higienização
( ) Decoração do salão
( ) Aparência dos profissionais

O que você gostaria que melhorasse?
Você indicaria este salão a um amigo?
Sugestões e reclamações:

Depois de analisar todos os itens, o administrador do estabelecimento deve convocar uma reunião com todos da equipe para avaliarem juntos os pontos positivos e negativos, forças e fraquezas, e traçarem estratégias para a melhoria da qualidade. Se melhorássemos nosso atendimento a cada dia, no fim do ano teríamos dado um grande salto na qualidade do atendimento.

ORIENTAÇÕES COMPLEMENTARES

É importante falar para o cliente sobre a marca, quantidade e procedência dos produtos utilizados. Se tiver sobrado algum material que o cliente tenha levado para o salão, devolva-lhe – mesmo que seja só um pouquinho –, pois pertence a ele.

Caso o cliente tenha realizado algum procedimento químico que necessite de cuidados, oriente-o quanto aos cuidados posteriores, tais como produtos de manutenção a serem usados, como utilizá-los para manter os cabelos sempre bonitos, e até mesmo oriente-o sobre o penteado adequado para o corte realizado. É importante que o salão tenha produtos de manutenção diferenciados para vender aos clientes.

Verifique se o cliente está esquecendo algum objeto. Caso tenha esquecido, guarde e anote seu nome em uma etiqueta, registrando a data do esquecimento.

FINALIZAR O ATENDIMENTO.

Antes de atender o próximo cliente, dedique alguns minutos ao cliente que foi atendido e demonstre desejo em vê-lo novamente. Diga-lhe da satisfação por tê-lo recebido em seu estabelecimento. Despeça-se do cliente colocando-se à disposição para outras informações, entregando-lhe o cartão da loja com o seu contato.

Atenção: quando o cliente for embora, nada de cochichos ou comentários indiscretos sobre ele – isso é antiético –, a não ser elogios. Se os clientes que ali esperam presenciarem tal atitude, logo pensarão que serão também vítimas de tais comentários.

• • •

Caso

Salão de beleza e barbearia já têm fama de serem ambientes de fofocas. Isso é muito relativo. O fato é que os clientes têm facilidade de contar tudo o que acontece em suas vidas e na vida da comunidade, mas a fama de linguarudo sempre sobra para o barbeiro e para a manicure.

Jessier Quirino, poeta nordestino e contador de caso, relata uma história, com um linguajar matuto, que, segundo ele, aconteceu no sertão. Chama-se "conversa de Manicure", da qual vou mostrar aqui apenas um trecho:

Nesse sertão de miséra,
de fome e de escravidão
Uma tá de manicure
Ou pintadeira de mão
Cum seu trabaio pustiço
Deu o maió ribuliço
Nas matuta do sertão.

A manicure, seu moço,
Paricia uma navaia
Cortou do alto sertão
Inté a beira da praia
Botou defeito nos santo
Matou Neném de quebranto
Jogou freguês na gandaia.

Na base da fofocagem
Lucrava com garantia
O salão era pequeno
Pra festa da freguesia
Quando o trabai começava
A freguesia escutava
E a manicure dizia:
Guilora de Ataíde?
Tão engraçada que era
Hoje depois de parida
Virou uma besta-fera
Também o cão do marido
É mago, fei e cumprido
Que nem a rosa pantera.

O finado Rubiná?
Que Deus tape as suas oiça
Armuçava nas panelas

Mode não sujá as loiça
Ah! sujeitim miserave,
Fuxiqueiro e imprestave
Pro ele não ha quem toiça.

Aquela Li varredeira ?
Só veve de fuxicar
Dá conta da vida aléia
De tudo quanto é lugar
Em casa farta cumida
Tem quatro pia intupida
Três redes pra custurar!?

A fia de Zé Botinha?
Oi! Eu não gosto de falá!
Mas pra mim ela é chifreira
E ninguém pode negá
Casou-se com Chico Bento
Mas já saiu com o sargento
E quatorze oficiá.

Minha cumade Honorina
Já que os freguês foro embora
Já qui nós tamo sozinha
Vou lhe contá uma estora:
Sei que vós não advinha.

Esse magote de fêmea
Que saiu quage agora?
São tudo quenga, chifreira,
Veiaca e caipora
De todas aqui presente
As única mulé decente
Só era eu e a senhora

Trechos de "Conversa de Manicure", de Jessier Quirino

CONSELHO DE MESTRE

Devemos lembrar que "nós somos aquilo que fazemos repetidamente. Excelência, então, não é um modo de agir, mas um hábito."

Aristóteles - Filósofo grego (384 – 322 a.C.)

· CAPÍTULO 5 ·

Fidelização

...

A fidelidade de nossos clientes é o reflexo do nosso produto ou serviço que, de certa forma, está sendo o diferencial dentre outros concorrentes, até que apareçam outros melhores e os conquistem. Como diz o ditado: "cliente fiel também migra para a concorrência." Para mensurar o grau de fidelidade dos clientes é preciso, como já disse em várias oportunidades, conhecê-los bem e observar o que eles mais valorizam.

Por outro lado, nós, profissionais da beleza, devemos reconhecer quando o serviço não foi realizado com eficiência e fazer a correção em tempo hábil, antes que o cliente desista de nós. O cliente fiel sempre está disposto a nos dar uma nova chance, mas tudo tem limite. A remoção de obstáculos e resolução dos problemas são requisitos importantes para a fidelização dos nossos clientes. O que eles esperam de nós não é nada extraordinário nem miraculoso: simplesmente que cumpramos o básico que eles sempre valorizaram, por mais simples que seja.

Segundo Daniel Godri, em uma de suas pesquisas ele percebeu que os homens são mais fiéis com os cabeleireiros que as mulheres. Elas também são fiéis, mas trocam de cabeleireiro com mais facilidade. Ele conta, ainda, que as mulheres só trocam quando o cabeleireiro deixou de encantá-las. Pensando bem, o cliente não troca de cabeleireiro por causa do preço, pois há outros que cobram mais barato; seu cabeleireiro, por exemplo, pode não ser o bam-bam--bam da tesoura nem um *hair stylist* famoso, mas faz exatamente o que você gosta; tem cabeleireiro que está mais perto da sua casa do que o seu, então, não é a distância; por fim, tem cabeleireiro que tem salão mais luxuoso do que o seu, no entanto, você continua com o mesmo. Qual é o segredo? O seu cabeleireiro, com o estilo simples dele, consegue suprir sua necessidade e entender o que você gosta. Certamente você só o deixará se, por acaso, ele não fizer mais o corte do jeito que você gosta.

Investir em fidelização significa melhorar a imagem da empresa e maximizar os lucros através de valores mensuráveis e imensuráveis.

Philip Kotler, o guru do marketing, escreveu em seu *best seller*, *Administração de Marketing*: "O que parece fidelidade à marca pode ser, na verdade, hábito, indiferença, preço baixo, alto custo de mudança ou indisponibilidade de outras marcas".

Às vezes o cliente não tem outra opção. A mudança pode lhe trazer prejuízo, por isso ele evita correr riscos. Um exemplo que vale a pena lembrar são as empresas de transporte coletivo: quando elas detêm o monopólio, tratam-nos como usuários; quando existe concorrência, tratam-nos como clientes. Quase todo monopólio é prejudicial à coletividade.

Kotler também classifica quatro categorias de clientes fiéis. Lá ele fala em produtos; aqui, vou falar de serviços:

1. **Clientes fiéis convictos**: São aqueles que têm o hábito de cortar o cabelo na mesma barbearia e com o mesmo barbeiro; gostam também de consumir produtos sempre da mesma marca;

2. **Clientes fiéis divididos**: Um tipo de cliente que é fiel a um salão, mas, para ele, qualquer um da equipe de profissionais pode cortar seu cabelo – ele é cliente do salão;

3. **Clientes fiéis inconstantes**: são aqueles que estão mudando de salão de acordo com a conveniência, e sempre estão procurando novidades, mas de vez em quando ele aparece.

4. **Clientes infiéis**: Não têm preferência ou fidelidade por ninguém. Esses clientes não têm muita paciência para esperar. Chegam ao salão; se estiver cheio, vão procurar outro, até encontrarem um que lhes atenda.

Mesmo entre os clientes fiéis convictos existem pelo menos dois tipos de comportamento que eles fazem questão de deixar em evidência: no primeiro, trata o cabeleireiro como se fosse exclusivo dele. E ainda comenta que se um dia ganhar na loteria vai levá-lo consigo.

O segundo é aquele que tem o prazer de sempre trazer um amigo, para também se tornar cliente. Esses clientes são preciosos, pois convencem com facilidade e vestem a camisa mais do que certos funcionários do salão.

Portanto, todos eles são especiais, porque são eles que compõem a totalidade da clientela.

CONSELHO DE MESTRE

"A chave para se gerar um grande nível de fidelidade é entregar um alto valor para o cliente."

Philip Kotler

5.1. PLANO DE NEGÓCIOS

Todo empreendimento, para ter sucesso, necessita de um plano estratégico ou macro planejamento, onde seu idealizador crie uma representação do modelo a ser seguido de forma dinâmica e sistêmica. É uma ferramenta que concilia estratégia com a realidade da empresa, podendo também ser uma ferramenta de marketing. Pode ser uma empresa iniciante ou que já atue no mercado e deseje reestruturar-se com mecanismos de precisão. A estrutura do plano de negócios tem como principais pilares os seguintes desdobramentos:

- Planejamento estratégico, que é uma visão geral do negócio;
- Descrição dos produtos e serviços a serem oferecidos;
- Análise de mercado, que direciona ao setor almejado, à clientela e à concorrência;
- Plano financeiro, que prevê e disponibiliza os recursos;
- E plano de marketing, que estabelece os objetivos da empresa.
- Por ser um tema extenso e complexo, abordaremos apenas o plano de marketing.

5.2. PLANO DE MARKETING

Diferente do que pensa a maioria dos leigos neste assunto, marketing não se resume a propaganda e promoção. Estas são apenas algumas das suas ferramentas. Quantas vezes presenciamos, nas cenas de novela, um ator ou atriz comentando sobre um batom maravilhoso de determinada marca, um refrigerante que a personagem toma prazerosamente, e diversos outros produtos apresentados com o intuito de despertar o desejo do telespectador. Essas atividades mercadológicas são chamadas de *merchandising* – uma forma indireta de fazer propaganda sem as características explícitas de anúncio publicitário.

Marketing é uma palavra sem tradução literal na língua portuguesa. A expressão anglo-saxônica marketing vem do inglês e deriva do latim *mercátus*. Em português significa mercadologia, comercialização ou ação de mercado. Na definição feita pelo dicionário *(MINI AURÉLIO, 2004, p. 481)*: "Marketing é o conjunto de estratégias e ações relativas a desenvolvimento, apreçamento, distribuição e promoção de produtos e serviços, e que visa à adequação mercadológica destes."

Falar em marketing sem se referir ao mestre Philip Kotler, certamente, deixará o assunto incompleto. Em seu livro, *Administração de Marketing*, cujo subtítulo é "A Bíblia do Marketing", o autor nos proporciona um profundo conhecimento e nos mostra, com uma visão holística, a arte de empreender. Porém, é impossível resumir tal assunto em poucas palavras. Para Philip Kotler, o marketing envolve a identificação e a satisfação das necessidades humanas e sociais.

Fernando Dolabela também diz que Marketing é o processo de planejamento de uma organização, que busca realizar trocas com o cliente, onde cada um tem interesses específicos: o cliente quer satisfazer suas necessidades; uma empresa quer gerar receita. (Dolabela, Fernando, 2008, p. 136).

5.3. APLICAÇÃO DE MARKETING

Segundo Cobra, o marketing é aplicável em quase todas as atividades humanas. Desempenha papel importante na integração das relações sociais e nas trocas lucrativas e não lucrativas. (Cobra,1997 p. 35).

Para Kotller,"Os profissionais de marketing envolvem-se no marketing de bens, serviços, eventos, experiências, pessoas, lugares, propriedades, organizações, informações e ideias" (Kotler, Philip, pag. 06). Dentre as modalidades, destaca-se o marketing de serviços em geral; e, como finalidade, detecta oportunidades de mercado – onde a demanda está insatisfeita com os serviços existentes.

5.4. PLANO DE MARKETING

Para melhor compreensão sobre plano de marketing, Fernando Dolabela nos conta uma linda história em seu *best seller O Segredo de Luísa*, onde narra a trama de uma jovem mineira, estudante de Odontologia e inexperiente nos negócios, que se entusiasmou com a ideia de abrir uma empresa para vender goiabada, receita caseira que aprendeu com a tia.

Paralelamente à história, Dolabela nos dá dicas preciosas sobre marketing, administração e plano de negócio na criação de uma empresa, a fim de que o empreendedor desenvolva seus talentos para obter sucesso como empresário.

Para Dolabela, o plano de marketing é constituído pela análise de mercado voltada para o conhecimento de clientes, concorrentes, fornecedores e o ambiente em que a empresa vai atuar, para saber se o negócio é realmente viável. (Dolabella 2008, p. 138).

Enfim, podemos dizer que plano de marketing é um planejamento do Marketing Mix. Dolabela também diz que o plano de marketing é como um mapa, que mostra à empresa para onde ela está indo e como ela vai chegar lá.

5.5. MARKETING MIX

Você deve estar pensando: que coisa complicada! Onde isso vai parar? Calma! Por hora vamos ficar apenas no Plano de marketing, sobre o qual vamos abordar alguns componentes, entre eles o marketing mix e alguns fatores que afetam a oportunidade do negócio, primeiro, por ser bastante familiar e atender de forma simplificada as nossas necessidades como empreendedores iniciantes; segundo, porque em nosso ramo, imagem pessoal e, especificamente, salão de beleza e barbearia, podemos começar um empreendimento com poucos recursos e menos complexidade organizacional.

Isso não significa que o plano de negócio seja desnecessário. O fato é que iniciar um empreendimento com um plano de negócio é como atirar no alvo. A chance de errar é bem menor do que atirar no escuro.

O mix de marketing é composto pelas seguintes ferramentas:

- **Produto (ou serviço)**
- **Ponto**
- **Preço**
- **Promoção**

Mix de marketing (ou composto de marketing) é o conjunto de ferramentas de marketing que a empresa utiliza para perseguir seus objetivos de marketing no mercado-alvo. Essas ferramentas são classificadas em quatro grupos amplos, denominados os "4 Pês" do marketing: produto, preço, praça (ou ponto-de-venda) e promoção. (KOTLER/KELLER, 2006, pg. 123).

PRODUTO OU SERVIÇO

Aqui vamos falar sobre serviços, porque é o que oferecemos como principal atividade, mas podemos agregar valor ao nosso serviço com a venda de produtos similares. Em tempos de crise, e com os exorbitantes valores dos aluguéis, principalmente em grandes centros, os empreendedores vão se reinventando.

O mercado vai ficando mais saturado, e, consequentemente, o comportamento do cliente vai mudando. A multiplicação das conveniências só tem beneficiado os clientes, que agora não precisam mais procurar similares em vários lugares. É possível encontrar quase tudo em um só lugar. Antigamente procurávamos o açougue apenas para comprar carne. Hoje é possível comprar, além da carne, o sal, o espeto para o churrasco, carvão e até a cerveja para a festa, entre outros produtos. As farmácias não vendem apenas remédios, agora vendem cosméticos e produtos de beleza em geral. Da mesma forma – e não poderia ser diferente –, os salões de beleza vendem de tudo, desde produtos para manutenção a roupas e acessórios.

As grandes lojas de cosméticos, percebendo que estavam perdendo uma fatia do mercado para os salões de cabeleireiros, montaram salões também no interior de suas lojas.

PONTO

A escolha do ponto é um fator determinante para o sucesso do empreendimento. Antes de abrir um salão é necessário analisar todos os aspectos – financeiros, equipe profissional, perfil do cliente e poder aquisitivo da população –, verificar se há outros salões no local almejado e se o nível do ambiente que se deseja montar concorrerá à altura dos existentes.

É sempre arriscado montar um salão onde não há nenhum ainda. A não ser que se esteja iniciando uma nova comunidade. Muitos profissionais ficam inseguros em abrir salão onde já existem vários. Ora, se há uma concentração de profissionais e há uma demanda equivalente é porque tem mercado para esse nicho. Cabe ao empreendedor definir uma estratégia que seja o diferencial para conquistar novos clientes e oferecer algo que os concorrentes não ofereçam.

Para os pessimistas, sempre haverá uma desculpa. Os que moram em cidades pequenas reclamam que já tem muitos salões, que não há mais espaço para tanta gente. Os que residem nas grandes cidades, por sua vez, também reclamam que ali já existe de tudo e não há mais o que inventar. Reclamam que os impostos são caros, que o aluguel é impagável e que a crise econômica não deixa ninguém crescer. Enquanto isso, os otimistas saem das grandes cidades e vão multiplicar seus lucros nas cidades menores.

"Para o pessimista, não importa a condição da economia; diante de uma oportunidade ele sempre verá uma crise, ao passo que o otimista, diante de uma crise sempre verá uma oportunidade". (Martins, Carlos Wizard, 2012, p. 43).

Nunca saberemos se algo dará certo se não tentarmos. Temos diversos exemplos de pessoas que tiveram a coragem de mudar o rumo de suas histórias e de reescrever um novo capítulo de suas vidas. São legados que nos inspiram e estimulam nossa vontade de crescer, provando que é possível começar com poucos recursos e muita vontade de vencer.

Um desses exemplos é o empreendedor Carlos Wizard Martins, presidente e fundador do Grupo Multi, uma multinacional brasileira e líder mundial no ensino de idiomas. Carlos Wizard começou seu empreendimento com poucos recursos, em uma sala na própria casa. Nasceu ali a empresa Wizard, a primeira do grupo. Hoje há mais 3.500 escolas e cerca de 45 mil empregos diretos. A empresa atua no Brasil e em mais dez países, entre eles, Estados Unidos, Japão e China.

Em seu livro, intitulado *Desperte o Milionário que há em você*, ele relata a sua trajetória e nos ensina como se tornar um empreendedor de sucesso. Segundo Carlos Wizard, ao assumirmos uma posição no mercado devemos nos perguntar o que realmente queremos para a nossa vida? Qual é o meu sonho? Quem eu quero ser na sociedade e qual legado quero deixar nesse mundo? E diz que, para se ter sucesso, uma das atitudes é ser honesto consigo mesmo e tomar decisões que mudem o rumo da história pessoal.

A maioria dos grandes exemplos de empreendedores que conhecemos começou com poucos recursos e muita vontade de vencer. Fizeram seus planos e traçaram metas, enfrentaram desafios, críticas e rejeições de pessoas que deveriam lhes dar apoio.

> **CONSELHO DE MESTRE**
>
> *"Para empreender você precisa desenvolver uma marca registrada na alma, que se chama iniciativa."*
>
> **Carlos Wizard Martins**

- O valor do aluguel é um fator importante na escolha do ponto. No início é sempre bom visar custos baixos e guardar pelo menos um terço do investimento como capital de giro;

- Escolher o ponto em uma rua movimentada não significa que terá maior fluxo de clientes. A rua ou avenida pode ser movimentada apenas por causa do trânsito, mas se não tiver fluxo de pedestres ou lugar para estacionamento o movimento não trará nenhum benefício;

- Conversar com potenciais clientes e pedir opinião, anotar as sugestões;

- Escolher um local de fácil acesso e sem empecilhos para os clientes com necessidades especiais;

- Mostrar a que veio e preparar-se para a reação da concorrência.

A FACHADA É A CARA DO DONO

O nome fantasia na fachada do salão revela o tipo de profissional que irá atender lá dentro. Imagine você procurando um salão indicado por um amigo. Quando, enfim, você avista de longe uma placa feita de madeirite, escrita à mão, com a seguinte inscrição: "Maria cabelelera", o que se deduz?

Que Maria, provavelmente é a dona do salão, e, pelo que se lê na fachada, Maria é pouco instruída e não deve dispor de recursos para ampliar seu empreendimento. Maria pode até trabalhar bem, mas a cara da sua loja não desperta confiança.

Outro exemplo que se vê muito em fachadas: "Salão Monte de Sião". Aqui não dá pra saber se é um salão de beleza ou um salão de encontro religioso. Provavelmente, o proprietário desse estabelecimento deve ser adepto de alguma crença judaica-cristã. Não há nada de errado em utilizar tais fantasias, porém, depende do público-alvo. Neste caso, seria um salão de beleza voltado ao público evangélico.

Se você chegar a um bairro desconhecido, sair à procura de um salão para cortar os cabelos e avistar uma loja em cuja fachada esteja escrito: "Barbearia do Zé", por quem você irá perguntar quando lá chegar? Pelo Zé! Mas se três babeiros estiverem trabalhando e um deles lhe perguntar com quem você quer cortar, certamente você responderá que prefere o Zé – porque ele deve ser o dono e, portanto, desperta mais confiança em você.

Mais uma vez ressaltamos que o seu ambiente define o público-alvo que você deseja. Por motivos diversos, muitos profissionais estão optando por adaptar salões de beleza em residências. Imagine que em uma dessas esteja descrito na fachada: "Salão Sagrada Família". É como no caso anterior, mas esta, provavelmente, é de tradição católica.

Certas informações também são importantes na fachada de um salão. O fato de estar escrito em uma fachada: "Salão de beleza", por exemplo, não me informa qual tipo de público ou gênero se atende ali. A não ser que esteja escrito: "Salão de beleza da Geny", neste caso posso deduzir que Geny é a principal responsável e,, certamente é voltado ao público feminino

É importante personalizar o nome do estabelecimento, porque isso gera confiança, e seu dono chama para si a responsabilidade, tanto profissional como administrativa, porém, corre o risco de centralizar o trabalho, dificultando a transferência de clientes aos funcionários auxiliares.

É pela fachada que identificamos o nível dos profissionais, o público-alvo e os serviços oferecidos.

Podemos classificar na seguinte ordem:

- **Barbearia** – público exclusivamente masculino; realiza cortes, barba, manicure, depilação, massagem, etc.;

- **Salão de beleza** – pode ser masculino ou feminino. Realiza cortes, escovas, penteados, maquiagem, *design* de sobrancelha, hidratação, etc.;

- **Salão unissex** – atende masculino e feminino, com as mesmas funções de barbearia e salão de beleza;

- **Cabeleireiro ou cabeleireiro's** – subentende um profissional ou uma equipe multifuncional atualizada, que atenda masculino e feminino;

- **Coiffeur** – cabeleireiro em francês;

- **Stylist hair** – estilista capilar (ou cabeleireiro);

- **Stylist barber** – estilista de barbas;

- **Estúdio** – Ambiente criado para atender o público masculino e feminino, prestar serviços de cabeleireiro, química, estética, fotografias e afins;

- **Spa** – ambiente voltado para saúde e beleza. Com tratamentos estéticos, cosméticos, educação alimentar, terapias relaxantes dentre outros.

Esses são alguns exemplos de perfis profissionais, que devem ser definidos de acordo com os serviços que se deseja prestar a um público-alvo.

PÚBLICO-ALVO

Em cada nova turma de cabeleireiro, observo uma grande euforia. Todos querem começar o curso com tesoura na mão. Só depois vão se adaptando.

No decorrer do curso, a metade dos neocabeleireiros começa a se identificar com determinado segmento da área de beleza; alguns se identificam com o público feminino, outros com o masculino; muitos se interessam mais por química, alguns por penteados. Assim, cada cabeleireiro vai criando seu perfil até se tornar um bom profissional.

Qualquer pessoa pode montar um salão, mesmo que não seja cabeleireiro, porém é muito arriscado investir em um segmento que não se domina. Segundo o sindicato dos cabeleireiros de Brasília, em 2008, de 100 salões que se abria, no período de 5 anos, apenas 5 conseguiam se manter abertos. Mesmo com as grandes transformações ocorridas na última década, muitos salões fecharam as portas por falta de planejamento e visão empreendedora. Geralmente os cabeleireiros recém-formados começam a trabalhar como auxiliar, e vão se especializando até sentirem que podem alçar um voo solo. É nessa fase que o profissional, por mais experiente que seja, precisa desenvolver uma visão empreendedora para entrar no mercado competitivo com um diferencial, sendo capaz de conquistar os clientes que os potenciais concorrentes não conseguiram capturar.

Fernando Dolabela diz que o perfil do empreendedor de sucesso é reconhecido pela autoconfiança, otimismo e necessidade de realização. Mesmo em caso de erro de estratégia, considera o fracasso como um resultado qualquer, e os resultados negativos passam a ser uma lição. "O empreendedor sabe fixar metas e atingi-las. Luta contra padrões impostos. Diferencia-se. Tem a capacidade de ocupar espaços no mercado e forte intuição para descobrir novos nichos". (Dolabela, Fernando 2008)

Roni Werner, *hair stylist*, dono da rede de franquias Werner Coiffeur, diz que o profissional precisa estar ciente e ter clareza de que passar de cabeleireiro a empreendedor é um grande salto, e por isso precisa olhar o mercado com uma visão mais ampla. "O profissional precisa aprender a substituir o 'eu' pelo 'nós, a ter uma visão horizontal em que o foco passará a ser a equipe. É fundamental reaprender e adequar sua visão, até então focada em si mesmo, a uma nova realidade". (Werner, Rudi – Beleza, um bom negócio).

Escolher o público-alvo do seu futuro salão é fundamental para direcionar seu empreendimento e definir valores a serem cobrados. Para isso, algumas informações são importantes: poder aquisitivo da população; hábitos de consumo; tipo de cliente que pretendo atingir – masculino, feminino, criança ou idoso? –; classe social; tipos de serviço que eles costumam procurar. Verificar se o serviço que você irá oferecer é igual ou melhor que a concorrência. Qual será o seu diferencial? Qual seria o seu cliente ideal?

Werner nos dá uma boa dica de como lidar com essas questões: optar sempre por um perfil de cliente que se pareça com você. "É mais fácil trabalhar com quem a gente conhece bem. Será complicado querer atingir um público mais sofisticado ou de uma classe abaixo da sua, simplesmente porque você não conhece bem os hábitos e gostos dessas pessoas, nem o que norteia seus interesses." (Werner, Rudi).

Depois de escolher o público-alvo, parta para a escolha do ponto. Não importa o tamanho do seu sonho, o necessário é dar passos seguros rumo a essa conquista, pois um empreendimento malfeito traz consequências frustrantes. Tenha tranquilidade e espere a hora certa para dar cada passo.

> **CONSELHO DE MESTRE**
>
> *"Recomendo que você, primeiro, crie mentalmente o seu salão. Visualize todos os detalhes, monte e inaugure o salão na sua mente, e só depois parta para a prática. Fazer mentalmente primeiro não gasta nada e fortalece o seu sonho.*
>
> ***Rudi Werner***

PREÇO

PREÇO PARA O CLIENTE

É o valor que ele estaria disposto a pagar pelo serviço. É calculado a partir da percepção do valor do serviço ou produto pelo cliente consumidor;

PREÇOS PARA A EMPRESA

É o valor do serviço, incluindo custos e margem de lucro satisfatória.

PREÇOS PRATICADOS PELA CONCORRÊNCIA

Parâmetro importante para penetrar no mercado através de pesquisa de preços na praça almejada. Determinar o preço através de análise da concorrência: deve-se agregar valor quanto ao serviço e escolher um ponto de equilíbrio quanto ao preço, que pode ser definido pela média cobrada pela concorrência e a identificação dos custos fixos e variáveis do serviço e dos insumos e despesas em geral.

Neste caso, quem está entrando para competir, de certa forma, já entra em desvantagem, pois os que já estão no mercado provavelmente têm uma clientela que lhes garanta cobrir as despesas e ter uma margem de lucro que os tornem autossustentáveis, enquanto o empreendedor iniciante, logicamente, vai arcar com custos semelhantes durante um período, até que se conquistem clientes para estabilizar-se no mercado. Por outro lado, quem está entrando para competir certamente trará um diferencial e novidades que despertarão a curiosidade dos clientes.

Segundo Dolabela, nesse jogo de interesse entre empresa e cliente, onde os dois devem ganhar, é preciso haver compensação para os dois lados. "O ponto de equilíbrio indica, então, o preço mínimo pelo qual a empresa deverá comercializar seu produto ou serviço para evitar prejuízos". (Dolabela, Fernando)

CUSTOS

Com base nos custos e na quantidade de clientes previstos no atendimento, calcula-se seu ponto de equilíbrio. Depois de analisar os custos, deve-se mensurar a viabilidade de uma margem de lucro satisfatória.

POLÍTICAS DE PREÇO

Dolabela também diz que há três tipos de políticas de preço, que podem ser descritas como políticas de desnatamento, penetração e bloqueamento.

POLÍTICA DE DESNATAMENTO

É a fixação de preço bastante elevado em relação aos preços esperados pelo público-alvo. Pode acontecer de o empreendedor não ter custos com aluguel, impostos elevados ou custos com funcionários, e deseje lançar, por exemplo, um trabalho diferenciado, ainda não oferecido pela concorrência.

Outros efeitos que vale a pena salientar em relação ao preço são aqueles praticados pelo mercado, que podem ser prejudiciais tanto para o consumidor quanto para os concorrentes, que são: concorrência desleal e cartel. A concorrência desleal é uma forma agressiva de penetrar no mercado praticando preços bem abaixo do valor cobrado pelos concorrentes. Enquanto o cartel é a combinação de preço equivalente, assim tirando do cliente o direito de escolha.

QUAL A DIFERENÇA ENTRE PREÇO E VALOR?

Podemos analisar o valor do serviço para o cliente e também para a empresa ou profissional que realiza o serviço. Aliás, para você, qual o valor do seu serviço? Porque você acha que o seu serviço vale o que você cobra?

Segundo Carlos Wizard, não existe injustiça em relação ao seu salário ou a sua remuneração. É você quem escolhe ganhar o que ganha, porque escolheu fazer o que faz e receber proporcionalmente por isso. Portanto, não adianta culpar o governo, a economia ou seus concorrentes. Se você é um ótimo profissional, faz um serviço igual ou melhor que seus concorrentes e cobra mais barato do que eles, então você merece ganhar o que ganha. "De maneira invisível, todo indivíduo carrega um cartaz em que está estampado o próprio valor em moeda.

Se pudéssemos ler esses cartazes, eles indicariam: um salário mínimo por mês, cinco salários mínimos por mês, dez salários mínimos por mês". (Martins, Carlos Wizard 2012, p.95).

Outro exemplo sobre o valor do serviço que vale a pena salientar: se o valor do corte de cabelo de sua barbearia for equivalente a 30 reais, e por acaso chegar um cliente pedindo a você para cortar por 10 reais, com a justificativa de que os seus concorrentes também cobram esse valor, você pode até cortar, mas certamente você vai olhar para o cliente e se lembrar do seu valor, dizendo para ele ir para a concorrência. Você se sentirá ofendido com tal proposta.

Agora, imagine outra situação hipotética: digamos que você continue cobrando 30 reais pelo serviço de corte de cabelos e chegue um amigo, pelo qual você tenha grande consideração, o convidando para fazer uma ação social em uma comunidade rural onde ninguém teve oportunidade de ir a um salão chique como o seu. Quando você estiver atendendo àquelas pessoas desprovidas desses recursos, e perceber que elas se encantam e até choram de felicidade por ter, pela primeira vez, os cabelos esculpidos por um profissional de alto nível como você, certamente você irá encher-se de orgulho, e naquele momento perceber o seu valor sem necessariamente receber um centavo. Esse é um dos valores do serviço para você.

CONSELHO DE MESTRE

"Quanto mais você unir forças e dividir a glória, mais esta se multiplicará. Quem quer ganhar tudo sozinho, quem quer tudo para si, acaba sem nada no final, pois as pessoas não gostam de ficar perto de gente mesquinha ou egoísta.".

Carlos Wizard Martins – *Fundador do Grupo Multi*

. . .

Caso

A profissão de cabeleireiro sempre foi tratada com certo preconceito. No caso dos homens, antigamente as más-línguas diziam que todo cabeleireiro era gay. Já as mulheres que não decidiram seguir uma carreira profis-

sional ou acadêmica, seus familiares logo as sentenciavam: se não sabe o que quer, vai fazer um curso de cabeleireiro. Como se fosse uma profissão medíocre, formada por semianalfabetos.

Não faz muito tempo, uma cabeleireira que trabalhava em um salão 5 estrelas no centro de Brasília, a quem aqui vou dar o codinome de Sofia, sentiu na pele tal indiferença.

Segundo Sofia, estava atendendo um cliente quando foi interrompida pela cliente, que perguntou:

– Qual o valor mesmo do corte de cabelo?

A cabeleireira respondeu: 200 reais.

– Nossa! Muito caro! – respondeu a cliente, e continuou a murmurar – Fiz faculdade de Medicina, pós-graduação, comprei livros caríssimos, e hoje vejo uma cabeleireira cobrar 200 reais por um corte de cabelo, enquanto cobro 100 reais por uma consulta! Isso é injusto!

Sofia quase não acreditou no que estava ouvindo, mas respondeu com toda calma, que aliás é uma de suas virtudes:

– Injusto por que, doutora? A senhora está em um dos melhores salões de Brasília. Obrigada por nos escolher. Preparamo-nos para ser uma das melhores equipes do Distrito Federal, e para isso eu também estudei muito. Não os livros de Medicina, mas outros, com importância semelhante. Sua missão de médica é extraordinária, pois está sempre a serviço do outro. Eu também estou aqui para servir da melhor forma. Cobramos esse valor porque nós também nos especializamos e nos preparamos para oferecer o melhor. Existem outros profissionais que também são bons e cobram mais barato, como também conheço médicos que cobram o dobro do valor do nosso corte de cabelo. Portanto, cabe à senhora também rever o seu valor – concluiu Sofia.

A cliente estava calada e calada continuou. Parecia surpresa com a resposta da cabeleireira. Sofia também se calou, dando por encerrado seu desabafo, que para ela era uma provocação.

Terminou o corte de cabelo com o mesmo capricho e dedicação de sempre. Para Sofia, aquela cliente não voltaria mais ao salão.

Para sua surpresa, dois meses depois a cliente retornou e fez questão de ser atendida por ela. Até então, Sofia ainda sentia um pouco de arrependimento por ter respondido daquela forma, chegou a pensar que poderia ter ignorado e contornado a conversa. Quando Sofia percebeu que era aquela cliente que havia retornado, desarmou-se e com sorriso nos lábios agradeceu pelo seu retorno. A cliente foi recíproca, mas para a cliente faltava desfazer um mal-entendido. Pediu desculpas a Sofia pela conversa constrangedora e seguiram adiante.

• • •

PROMOÇÃO

Palavra que, para nós, tornou-se comum ver em destaque na maioria das lojas comerciais que promovem seus produtos e serviços. Mas há uma diferença entre promoção de um produto ou serviço e promoção a que se refere o composto de marketing. De forma simples e dinâmica, Edmundo Brandão explica em seu livro, *Marketing Descomplicado*, da Editora Senac, que não se pode confundir promoção de um produto ou serviço com promoção como composto de marketing: "Promoção em marketing compreende todo esforço de comunicação persuasiva a respeito de uma organização e de seus produtos. Quando se diz 'promoção' sob o ponto de vista do marketing, está-se querendo dizer, na verdade, composto promocional, isto é, todas as formas de comunicação promocional comumente utilizadas pelas empresas e organizações para se comunicarem com seus mercados. (Dantas, Edmundo Brandão, 2016, p. 165).

Existem várias maneiras de promover algo para atingir determinado público. Isso pode ser feito de forma direta, indireta, sutil ou agressiva. Dentre elas podemos destacar, por exemplo: promoção de produto ou serviço, propaganda, publicidade e *merchandising*.

PROMOÇÃO DO SERVIÇO OU PRODUTO, OU OS DOIS JUNTOS

Quando se quer lançar uma novidade na praça ou tentar se reerguer no mercado, é sempre bom fazer uma promoção que seja benéfica para o crescimento da clientela e rentável para o empreendedor. Uma promoção de serviço deve ser bem planejada para não resultar em um efeito negativo. Por exemplo: ao analisar a sazonalidade dos clientes no seu salão, você descobre que de segunda a quinta o movimento é bem menor, enquanto sexta e sábado fica lotado. Para tentar equilibrar o movimento você pode fazer uma promoção de segunda a quinta. Assim, você trabalhará a semana toda e ainda deixa o final de semana mais tranquilo. Mas se você fizer promoção todos os dias, o movimento vai continuar desigual, o serviço será mais cansativo, e ainda corre risco de comprometer a qualidade e tornar o final de semana mais intenso. Com o salão mais lotado, aqueles clientes que só têm disponibilidade no final de semana poderão desistir de esperar e migrar para a concorrência.

O salão precisa estar sempre inovando para permanecer em evidência, mas se você está satisfeito com sua clientela e ela não reclama do preço, não tem por que fazer promoção. Pode oferecer brindes, sorteios ou cartão fidelidade. Lembre-se do ditado: em time que está ganhando não se mexe.

PROPAGANDA

Ainda hoje muita gente confunde propaganda com publicidade. Acham que é a mesma coisa, mais tem diferença sim. Propaganda é tudo que é pago para alguém divulgar o nome, logomarca, produto ou serviço. Pode ser através de carro de som, rádio, televisão, jornais ou simplesmente uma exposição através de *outdoor*, ou distribuição de *folders*, cartazes, páginas na internet, entre outros.

PUBLICIDADE

É toda e qualquer informação de uma empresa ou marca transmitida ao público sem nenhum custo e nem controle por parte da empresa ou marca comentada.

Há mais ou menos um ano, o jornal Correio Braziliense fez um comentário sobre um salão em Brasília que alguns clientes frequentavam mais por causa de um rapaz que, ao lavar os cabelos dos clientes, fazia uma boa massagem na cabeça e os deixava relaxados. Recentemente, esse mesmo jornal publicou outra matéria sobre as tendências das novas barbearias e como elas se reinventam no segmento. Isso é publicidade.

O jornal desperta a curiosidade dos leitores sobre um assunto relevante e a empresa comentada ganha destaque sem contratar e nem pagar nada pela publicidade. Edmundo Brandão também diz que, "ao usarmos fatos sobre nossa empresa ou nosso produto como forma de divulgação, atraindo de maneira espontânea ou provocando a atenção dos meios de comunicação, sem qualquer ônus, estaremos fazendo publicidade, e não propaganda." (Dantas, Edmundo Brandão, 2016, p. 166).

Outro meio que também é considerado importante no meio comercial é o patrocínio. Uma espécie de elo entre o *mix* de marketing e seu composto promocional. Conhecido por estar presente nas grandes mídias, entre elas, as esportivas e culturais, o patrocínio também pode ser considerado uma relação ganha-ganha, onde o patrocinado recebe recursos para realizar seus eventos, e, em troca, o patrocinador recebe a divulgação de sua marca ou produto.

MERCHANDISING

Uma forma discreta de chamar a atenção do consumidor, insinuando e estimulando-o a intensificar o desejo de consumir. Muito comum em novelas ou filmes, em que as personagens em cena abordam um tema e, ao mesmo tempo, por exemplo, alguém usa um determinado produto e demonstra satisfação ao usá-lo, mostrando a marca sem necessariamente comentar sobre o produto. Também pode ser que em algumas cenas apareçam cartazes ou figurantes inseridos no contexto.

CONSELHO DE MESTRE

"Você precisa entregar seu produto ou serviço mais depressa e melhor que a concorrência. Praticar um preço justo, que não precisa ser o mais barato. Todo consumidor está disposto a pagar mais por um produto ou serviço com essas características.".

Carlos Wizard Martins – Fundador do Grupo Multi

5.7. CLIENTE INTERNO

O que fazer para fidelizar o cliente interno?

O cliente pagante tem que ser considerado e cativado, mas não se esqueça que sozinhos não conseguiremos administrar o salão e atender os clientes. Precisamos de suporte para acompanhar o crescimento do salão ou barbearia de forma ordenada, em todos os sentidos. Para isso, temos que capacitar sempre mais nossos profissionais e descobrir suas habilidades. Se houver alguém da equipe que tenha espírito de liderança, poderá perfeitamente auxiliar na administração de pessoas.

O QUE FAZER PARA MOTIVAR MEU CLIENTE INTERNO?

Todos nós precisamos de motivação para nos sentirmos satisfeitos com o que fazemos. Se observarmos bem, passamos a maior parte do nosso tempo no trabalho. Às vezes, nos envolvemos tanto com o trabalho que levamos as preocupações para a nossa vida pessoal, e até deixamos que as situações mal resolvidas no trabalho influenciem nosso humor e autoestima. Portanto, não devemos trabalhar apenas porque precisamos. Temos que fazer o que amamos a tal ponto que se torne para nós uma diversão. Todo profissional precisa ser reconhecido e recompensado para se sentir motivado. Isso faz parte da natureza humana. Consciente ou não, sempre estamos buscando recompensa em tudo que fazemos.

Alguns fatores são relevantes para manter nosso cliente interno motivado. Dentre eles podemos citar:

MOTIVAÇÕES E RECOMPENSAS

- **Fluxo de clientes** – O cabeleireiro sente-se realizado ao trabalhar em um salão que está sempre com a agenda cheia. Se o valor for igual ou acima dos cobrados pela concorrência, certamente os profissionais trabalharão motivados, mas se o valor dos serviços for metade do preço cobrado pela concorrência, o funcionário não terá a mesma motivação, porque estará fazendo muito esforço e sendo pouco recompensado.

- **Salário** – Deve ser equivalente ao salário pago à categoria profissional no mercado de trabalho. No caso dos salões de beleza e barbearia, geralmente essas categorias trabalham por comissão. Alguns salões, principalmente as franquias, já têm uma política salarial diferenciada, onde oferecem salário mais comissão. Outros salões, para fugirem dos encargos dos impostos e da burocracia, evitam criar vínculos empregatícios e alugam cadeiras para microempreendedores individuais. A vantagem de se ter um funcionário com carteira-assinada é a segurança que você dará a ele, e a garantia de que ele não sairá do salão por qualquer motivo.

- **Comissão** – Pode ser a forma principal de pagamento ou pode ser um salário definido mais comissão. Não existe um percentual definido para comissionado. Cada salão define como achar melhor. Porém, o ideal é buscar informações e orientação nos órgãos competentes da categoria e começar do jeito certo. Foi justamente por causa desses conflitos de interesses e para facilitar a formalização entre empregados e empregadores da área de beleza, que a Lei n° 12.592/2012, foi alterada com a criação da Lei n° 13.352, de 27 de outubro de 2016, para dispor sobre o contrato de parceria entre os profissionais que exercem as atividades de Cabeleireiro, Barbeiro, esteticista, Manicure, Pedicure, Depilador e pessoas jurídicas registradas como salão de beleza. Criando assim a figura do Salão

Parceiro. A lei não deixa claro sobre nenhum percentual entre as partes. No entanto, coube aos sindicatos que representam a categoria definir em Convenção Coletiva os detalhes dessa parceria.

- **Vendas** – Vender o serviço ou produto, ou até mesmo a imagem da empresa. Vender o serviço ao cliente na hora certa, usar empatia para seduzi-lo, não apenas pelo dinheiro, mas fazendo com que o cliente experimente algo que possa atender suas necessidades de forma prazerosa. Recomendar algo que realmente vai acrescentar no bem-estar do cliente. Não podemos forçar a venda sem que a recomendação seja benéfica. Pode acontecer, por exemplo, que o cliente esteja com caspa porque usa boné com os cabelos molhados. Cabe, então, ao profissional orientá-lo e sugerir, depois de uma análise, o uso de um tônico capilar ou xampu anticaspa. Você vende o produto e resolve um problema a que o cliente não estava dando importância.

  Ainda em relação à venda de produtos, é aconselhável trabalhar com produtos de venda exclusiva dos salões, porque o cabeleireiro, por maior que seja o seu salão, não tem como concorrer com as lojas de cosméticos, farmácias e, principalmente, supermercados. Estes compram em grande volume e podem perfeitamente vender mais barato, inviabilizando a concorrência. Por que você acha que o cliente comprará um produto mais caro em seu salão quando ele pode adquirir o mesmo produto mais barato em um mercado? Ninguém é obrigado a vender seu produto pelo preço da concorrência, mas seu valor deve-se justificar pelo valor agregado ao vender para o cliente no momento certo. Isso depende do grau de persuasão que você utilizará para convencer o cliente e mostrar a ele os benefícios que aquele produto vai trazer, e o que o cliente precisará fazer para obter tal resultado. Isso agrega valor e potencializa o produto. Essas orientações o cliente não terá no mercado de autoatendimento.

- **Metas** – Ao atingir uma meta o funcionário receberá um bônus.

- **Elogios e correções** – Quando tiver que chamar atenção, o faça sempre em particular, utilizando críticas construtivas, que contribuam para o crescimento profissional; quando for elogiar, o faça na presença de todos. Isso motiva o funcionário e desperta os colegas.

Para evitar conflitos entre funcionários e empresa é aconselhável elaborar um regimento interno que especifique os deveres e obrigações. É um compromisso que deve ser firmado no ato da contratação. Cada salão tem suas exigências, e deve deixar claro para o futuro funcionário que o não cumprimento do regimento trará consequências negativas.

Exemplo de regimento:

REGIMENTO INTERNO DO SALÃO

O regimento interno deste recinto tem como princípios básicos a ética profissional, o cumprimento das normas de saúde pública, o respeito e obediência aos gestores, e o tratamento indiscriminado aos clientes.

São deveres do funcionário:

1. Ser pontual;
2. Manter sempre boa aparência e higiene no trabalho;
3. Avisar quando se ausentar do recinto de trabalho;
4. Avisar com antecedência quando for faltar ao trabalho;
5. Recepcionar os clientes com simpatia, presteza, respeito e cortesia;
6. Contribuir para que o recinto mantenha-se sempre limpo e organizado;
7. Manter a ordem e harmonia com os colegas de trabalho;
8. Ouvir atentamente os clientes, mas falar apenas o necessário;
9. Realizar cada tarefa com atenção, capricho e boa vontade;
10. Manter uma relação de respeito e obediência à direção, ao patrão ou a quem estiver no comando;
11. Zelar pelos utensílios e instrumentos de trabalho, sempre os deixando organizados, higienizados, desinfectados ou esterilizados, no início, durante e no final do expediente.

É expressamente vedado:

1. Usar vestimenta ou calçado inadequado ao ambiente;
2. Interferir em conversas quando não for pedida a sua opinião;
3. Alongar conversas paralelas, contar piadas depreciativas, risadas de deboche quando houver clientes no salão;
4. Interromper o serviço para alongar conversas ao telefone quando estiver atendendo o cliente;
5. Atender clientes fora do recinto de trabalho no horário de serviço;
6. Trazer problemas pessoais, fazer comentários aos clientes sobre relações de intimidade conjugal;
7. Ingerir bebida alcoólica antes ou durante o horário de trabalho;
8. Dar ordem aos colegas sem ter recebido autorização para isso.

Estou disposto a cumprir o regimento desta empresa.

Assinatura _____

INCENTIVOS E RECONHECIMENTO

PROMOVER CURSOS DE APERFEIÇOAMENTO

O capital humano é um bem para a empresa e precisa ser capacitado e valorizado. Do lucro que o salão tiver com os serviços dos funcionários, pelo menos 5% devem ser revertidos para a sua formação profissional.

A maioria dos cabeleireiros mais antigos resiste em investir na capacitação profissional por causa das frustrações que tiveram no passado. Muitos reclamam que investiram nas pessoas e elas foram ingratas, os abandonaram e montaram seus salões, levando com elas também os clientes do salão, e por isso não querem perder tempo. Segundo eles, estavam formando pessoas para virarem seus concorrentes. Se pensarmos assim, vamos acabar sozinhos. Nossa missão também é ensinar e multiplicar o que sabemos.

Estive há pouco tempo em um *workshop* de barbeiros em Brasília onde a maioria dos participantes eram barbeiros e cabeleireiros. Dentre eles, muitos se identificaram como donos de salão. O palestrante fez duas perguntas intrigantes, que me fizeram questionar. A primeira: ele perguntou aos donos de salão há quantos anos eram proprietários de salão. O palestrante subdividiu-os em quatro grupos: os que tinham mais de 20 anos, mais de 15, de 10, e, por último, até 5 anos. A segunda pergunta foi: quantos funcionários tinham. Foi constatado ali que os proprietários de salão há mais de 15 anos trabalhavam só, ou tinham no máximo 2 funcionários. À medida que diminuía o tempo como proprietários, aumentava a quantidade de funcionários, tanto que os donos de salões e barbearias com até 5 anos na praça tinham, no mínimo, 4 funcionários.

Isso acontece por vários motivos. Um deles é a chamada zona de conforto, que dá uma falsa margem de segurança ao profissional e ele começa a achar que é insubstituível, que ninguém do seu salão pode ser melhor do que ele. Esse estrelismo cria uma áurea que ofusca o brilho dos outros, fazendo com que os outros se desestimulem e mudem de salão. Portanto, cada vez que você pensar em reformar seu salão, lembre-se também de reformar seus conhecimentos, de investir em aperfeiçoamento e de crescer intelectualmente.

TREINAMENTO

Sabemos que não é fácil montar uma equipe dos sonhos em salão de beleza e barbearia, mesmo porque não encontramos pessoas prontas para desenvolver as competências desejadas em nossos estabelecimentos. Por mais que apareçam profissionais que se digam capacitados, sempre vêm com vícios de outros salões. Em alguns casos, é preferível ensinar alguém que esteja começando na profissão a insistir com aqueles que criaram uma resistência e não conseguem abrir-se para novos conhecimentos e novas técnicas.

Às vezes, quando o profissional está quase chegando ao ponto desejado, ele acha que está pronto e resolve sair do salão. De qualquer forma, o treinamento é uma oportunidade que a empresa oferece aos colaboradores visando aperfeiçoar seus serviços e maximizar seus lucros. Por um lado, a proposta de treinamento oferecida ao funcionário deve criar nele uma expectativa de melhores ganhos financeiros e outros benefícios compensatórios que justifiquem e solidifiquem sua fidelidade ao patrão. Por outro lado, seja com iniciantes ou com profissionais experientes, a capacitação profissional deve levar o indivíduo a adequar-se aos objetivos da empresa e a influenciar no comportamento da equipe.

Essa adequação abrange vários aspectos, dentre eles o desenvolvimento de competências para executar as tarefas, adaptação à missão e aos princípios adotados pela empresa, segundo seu regimento interno. Como bem disse Rudi Werner: "O melhor exemplo de uma equipe é um time de futebol. Em um time, cada um tem uma função definida, mas todos estão conectados e se ajudam com o propósito de fazer gols, e de não tomá-los. É uma interação sensacional em prol de um objetivo comum." (WERNER, Rudi, 2009, p. 64)

Seguindo essa linha de raciocínio de Werner, por mais que o time seja eficiente, o técnico precisa ter uma visão do todo, analisar e estudar as táticas de cada concorrente para, então, entrar em campo. Da mesma forma, o administrador ou dono do salão precisa analisar o mercado e as exigências da demanda, garimpar os talentos da sua equipe e aplicar conhecimentos para desenvolver as competências e habilidades, segundo o potencial e interesse de cada membro. Ainda segundo Chiavenato: "A primeira etapa do treinamento é o levantamento das necessidades de treinamento que a organização apresenta. Essas necessidades nem sempre são muito claras e precisam ser diagnosticadas a partir de certos levantamentos e pesquisas internas, capazes de localizá-las e descobri-las." (CHIAVENATO, 1999, p. 299)

Como fazer:

1. Fazer um levantamento das necessidades dos clientes; avaliar o processo de trabalho existente em relação à necessidade da demanda; e analisar qual a melhor maneira de atender o cliente com mais eficiência e rapidez;

2. Analisar o perfil da equipe e estimular os potenciais profissionais a cumprirem a missão da empresa e as metas almejadas;

3. Despertar o interesse da equipe segundo as necessidades do salão e as habilidades detectadas, até mesmo para testar as atitudes reativas e despertar atitudes proativas que possam levar o profissional ao desenvolvimento criativo em vários procedimentos no salão de beleza ou barbearia;

4. Capacitar cada indivíduo para o desempenho de tarefas específicas, segundo seus interesses e suas habilidades;

5. Apresentar aos colaboradores as vantagens e os benefícios futuros, para que possam despertar e estimular o interesse da equipe de forma positiva;

6. Utilizar recursos didáticos para o desenvolvimento das tarefas de forma dinâmica, tais como cabeças de bonecas para treinar penteados, tranças, maquiagens, cortes e barbas.

OBJETIVOS DO TREINAMENTO:

- Criar oportunidades para o contínuo desenvolvimento pessoal, tanto no segmento que atua quanto nos que complementam e ampliam as especialidades dos serviços. Por exemplo: quem faz penteados precisa ter noção de maquiagem, e quem faz maquiagem também precisa ter noção de *design* de sobrancelhas. É um conjunto harmônico que expressa o belo;

- Aumentar a autoestima e elevar o nível de autoconfiança dos colaboradores e da equipe nos serviços especializados;

- Elevar o nível profissional da equipe de forma sistêmica para que possa destacar-se na sociedade e refletir positivamente na satisfação dos clientes.

VANTAGENS DO TREINAMENTO:

- Racionalização da metodologia de formação dos colaboradores e distribuição de competências de forma descentralizada;

- Fortalecimento da autoconfiança dos profissionais;
- Aumento da qualidade dos serviços;
- Ampliação no atendimento de clientes;
- Aumento da liberdade criativa nos serviços específicos.

A criatividade é fundamental para imprimir a marca do trabalho individualizado e artístico. É como uma assinatura que deixa sua marca.

PROMOÇÃO FUNCIONAL

Em um salão de beleza ou barbearia, principalmente de pequeno porte, o dono do estabelecimento sempre vai conduzir a empresa e tomar decisões unilaterais. Mas quem pensa como empresa deve formar outros líderes que possam assumir a gerência na ausência do dono, ou gerenciar uma filial. Afinal, como promover alguém em um salão pequeno e manter essa pessoa fidelizada?

Imagine que você esteja trabalhando em uma barbearia há 8 anos e sua clientela seja igual ou maior que a do dono da barbearia. Você sempre segura a barra no atendimento quando o dono tem que se ausentar. Imagine que, devido ao aumento do movimento, o dono da barbearia onde você trabalha resolva ampliar o espaço e contratar mais 3 barbeiros, pagando 50% cada, o mesmo percentual que paga para você. Vendo que os novos profissionais também são tão bons quanto você, os seus clientes começam a ser distribuídos. Qual vantagem você vê no aumento da quantidade de funcionários, a não ser mais lucro para o dono?

Agora, imagine você como dono. Certamente você vai ser grato ao seu antigo funcionário e dizer a ele: "Companheiro, há 8 anos você está comigo; me ajudou a criar um patrimônio e a levantar nossa clientela. Vou contratar mais três barbeiros e pagar o mesmo que te pago, porém, vou aumentar sua comissão para 60%, e na minha ausência você vai gerenciar a barbearia. Isso é reconhecer e fidelizar o cliente interno.

PRÊMIOS

Geralmente, um funcionário ou todos recebem como incentivo após atingir alguma meta previamente determinada.

5.8. CLIENTE EXTERNO

Clientes pagantes e fornecedores

O que fazer para conquistar o cliente externo?

CLIENTES PAGANTES

- Atender sempre da mesma forma ou melhor;
- Apresentar sempre uma novidade toda vez que o cliente aparecer na loja;
- **Sorteios**: de produtos, estoura-balão, pescaria com anzol, entre outros.
- **Banco de dados**: ao marcar horários no salão e realizar procedimentos químicos deve-se fazer uma ficha do cliente contendo seus dados, tais como endereço, número de telefone, data de aniversário e algumas observações, por exemplo, se a cliente tiver alergia a algum produto.
- **Interação através dos canais de comunicação:** em meio a tantos veículos de comunicação e aplicativos, deve-se escolher aquele que o cliente mais utiliza.
- **Datas comemorativas**: sempre ficar atento às datas que possam ser comemoradas de forma criativa, e aproveitar para envolver o salão nessas festividades. Durante o ano, o povo brasileiro, imbuído de um espírito festivo, fica mais propenso a gastar e se prepara financeiramente, reservando parte da renda para comprar presentes. Uma fatia dessa renda vai para os salões de beleza e barbearias. Os mais criativos conseguem atrair o público oferecendo algumas vantagens a quem procura seus serviços, tais como promoção, descontos, pacotes especiais, brindes e sorteios. Cada data festiva deve refletir na decoração do salão ou barbearia. Podemos destacar aqui, por exemplo, as principais datas comemorativas do ano:
- **Dia Internacional da Mulher (março) –** Decorar o ambiente com artigos que lembrem a beleza feminina, e oferecer pacotes promocionais e brindes. Nessa data especial tudo deve levar a mulher a sentir-se valorizada e linda. Pode-se convidar uma empresa de cosméticos nos segmentos de análise capilar, tratamento de pele ou maquiagem e promover no salão um encontro de mulheres, oferecendo-lhes consultoria,

orientações sobre os cuidados básicos com os cabelos e pele, ou até mesmo um curso rápido de automaquiagem.

- **Páscoa (abril)** – Curiosamente, em nossos dias, muitos clientes não gostam de cortar os cabelos no período quaresmal – uns por questões religiosas; outros por tradição, e até mesmo por superstição. Nessa data pode-se criar um ambiente festivo com os símbolos da Páscoa e deixar um ovo de Páscoa decorado para sorteio. Outra opção que chama a atenção dos clientes é encher vários balões, colocando um papelzinho enrolado dentro de cada, com números que equivalem a prêmios. Com um palito ou alfinete, o cliente estoura o balão e se surpreende com o prêmio. Neste caso, o salão deve determinar as condições em que o cliente participará do sorteio. Pode ser apenas quando pagar o valor do corte ou pode ser a partir de um valor determinado, que esteja explícito.

- **Dia das Mães (maio)** – É muito importante fazer com que as mães se sintam especiais em uma data tão marcante na vida da mulher. Além de promoções voltadas para esse público, é possível fazer sorteios, por exemplo, para a cliente que seja a mãe mais idosa ou a mais jovem. Ofereça algo que tenha um significado especial, um cartão personalizado, uma rosa, uma mensagem do salão ou outra lembrancinha que eleve a autoestima. Nada de oferecer objetos comuns que lembrem a rotina da casa ou do trabalho.

- **Mês das Noivas (maio)** – Esse período é oportuno para oferecer pacotes para o dia da noiva ou noivo. Tanto os salões de beleza e institutos quanto as barbearias podem oferecer essa promoção.

- **Festas Juninas** – É um período que se inicia com as celebrações das festas antoninas, passa para as joaninas e termina com as petrinas. Dependendo do costume local e das tradições culturais, dá para criar um ambiente descontraído, utilizando bandeirolas para decorar o salão e chapéus de palha para todos os componentes do salão. Nesse período, o salão pode fazer promoções de hidratações, pois coincide com o tempo frio e seco, quando é recomendável a utilização de reconstrutores e hidratantes, principalmente na região Nordeste e Centro-Oeste, onde a umidade do ar fica baixíssima.

- **Férias (julho)** – No período de férias da criançada, as mamães quase não têm tempo para arrumar as madeixas, mas algumas famílias aproveitam para viajar, e a família toda acaba visitando o salão. Cabe, então, aos cabeleireiros usar a criatividade e criar algo que envolva a família inteira.

- **Dia dos Pais (agosto)** – As barbearias mais modernas estão oferecendo diversos serviços para o público masculino. Deve-se aproveitar e fazer promoções de barboterapia e outros serviços que ainda são novidade para o público masculino. O fato de comemorar o Dia dos Pais em um domingo não impede de criar uma promoção exclusiva para os pais durante uma semana, e terminar com um sorteio para os pais no domingo. Pode-se também, através dos filhos que são clientes, oferecer desconto a quem levar o pai para o salão.

  Os salões de beleza também podem atrair esse público oferecendo-lhe promoções ou um momento especial para os pais.

- **Dia das Crianças (outubro)** – É possível fazer promoções e sorteios que seduzam as crianças, principalmente os brindes voltados para doces e brinquedos. Pode-se também criar um espaço reservado aos meninos para jogarem videogame, ou um espaço exclusivo para as meninas, onde poderão fazer maquiagens e penteados infantis.

- **Natal e Ano Novo (dezembro)** – É o período em que os salões e barbearias ficam lotados devido ao aquecimento do comércio varejista e o recebimento do 13º salário dos trabalhadores. Deve-se aproveitar para oferecer promoções e brindes. Alguns salões distribuem espumantes e vinhos aos clientes. Quanto à decoração, não tem como fugir tanto dos tradicionais enfeites de Natal. Uma pequena mensagem de acolhida em destaque deixa o ambiente mais acolhedor. Vale lembrar que essa decoração deve ser feita no início do mês de dezembro e desmontada quando terminar o período festivo.

- **Vendas de objetos e produtos para manutenção** – Alguns produtos são considerados similares em um salão de beleza, porém, é recomendável oferecer aos clientes artigos ou produtos que agreguem valor ao segmento dos serviços oferecidos pelo estabelecimento. Os produtos para manutenção agregam valor ao serviço e ajudam a aumentar o faturamento mensal. Isso demonstra cuidado e zelo com o cliente, e fideliza o cliente ao orientá-lo quanto ao uso e cuidados básicos. Os salões e institutos que oferecem serviços de cabeleireiro e estética podem ampliar e diversificar a oferta de produtos.

  No caso das barbearias, há uma diversidade de artigos e produtos finalizadores exclusivos para homens, tais como pomadas, óleos, perfumes, pulseiras, entre outros. Para isso, é importante que se conquiste o cliente sem forçar a barra. Uma das melhores estratégias é usar nos clientes os mesmos produtos que estiverem expostos para venda. A fragrância e a composição visual do produto faz toda diferença. Às vezes basta você pedir para o cliente sentir o cheiro de um produto que isso já o deixa seduzido. Apresente a textura do produto e demonstre na pele ou nos cabelos do cliente o efeito instantâneo que o produto proporciona. Essa forma induz o próprio cliente a desejar o produto.

- **Brindes** – Na distribuição de brindes deve-se evitar oferecer somente aos clientes considerados especiais – ou se distribui a todos ou a ninguém. A não ser que se adote critérios específicos, baseados na proporção de gastos que o cliente desembolsar no estabelecimento, a quem levar uma amiga para cortar os cabelos ou fazer algum procedimento, ou, ainda, escolher um momento especial que o cliente esteja vivenciando. Por exemplo: fazer um sorteio do cliente aniversariante do mês; oferecer às noivas uma toalha ou almofada personalizada com o nome do casal, entre outros. O brinde só terá sentido se vier impresso o nome do salão, a marca ou logotipo da empresa. A não ser que sejam brindes oferecidos por alguma empresa parceira, que tenha disponibilizado alguns produtos experimentais para serem divulgados, tais como sachês de xampu, hidratação, matizador ou reparador de pontas, entre outros.

- **Promoção** – Se for temporária, deve ter data de início e fim. É aconselhável para um período festivo ou temporada em que o movimento do salão esteja abaixo da média. No caso de uma promoção permanente, é aconselhável escolher um ou mais dias da semana utilizando os mesmos critérios.

- **Cartão fidelidade** – Prática comum entre os salões e barbearias. Ao realizar qualquer procedimento, o cliente recebe do salão um cartão confeccionado para este fim, onde vêm descritas as vantagens que o cliente terá ao retornar ao salão determinada quantidade de vezes, e assim ganhará um brinde ou um prêmio em produtos ou serviços. O cliente deve apresentar tal cartão para ser carimbado a cada vez que for realizado um procedimento no salão, até atingir a meta.

- **Propaganda –** Prática mais comum no meio comercial. Importante pela abrangência do público-alvo, razão pela qual recebeu o codinome de alma do negócio. Um salão de beleza ou barbearia que não estiver sempre em evidência, por mais conhecido que seja, pode cair no esquecimento e perder espaço para um novo concorrente. Como se diz em outro ditado: "Quem não é visto não é lembrado." Ao fazer propaganda de serviços de beleza deve-se deixar claro quais serviços e benefícios o cliente terá ao procurar o estabelecimento. Uma das reclamações que pode afastar o cliente do salão é a propaganda enganosa. O que for anunciado deve ser oferecido. Portanto, todo cuidado é pouco na hora de contratar o meio de comunicação escolhido para divulgar a propaganda. É bom sempre dar aquela revisada no texto antes da divulgação. Se for através de rádio, escolha um programa mais conhecido e um horário em que seu público-alvo esteja ouvindo. Fique atento à quantidade de chamadas feitas pelo locutor, e se ele cumpriu o combinado. Se possível, mande um kit-beleza como brinde para a rádio sortear entre os ouvintes. Da mesma forma com a utilização de carro de som. Mesmo que seja um pouco mais caro, escolha um serviço de som conhecido e que não emita ruídos desagradáveis. Evite usar músicas de fundo que transmitam um gosto particular, por exemplo, de cunho religioso ou funk com letras depreciativas. Escolha músicas mais neutras e que levantem a autoestima de quem as escutar.

• • • **Patrocínio –** O que vou ganhar patrocinando um projeto ou um evento qualquer? Essa é a pergunta que devemos fazer sempre que formos abordados por captadores de recursos para patrocínio. O patrocinador deve avaliar se o patrocínio em questão trará retorno imediato. Essa prática é mais conhecida entre as grandes empresas, principalmente no meio esportivo e cultural. É uma relação de reciprocidade comercial do tipo ganha-ganha, que tem como objetivo a manutenção do evento patrocinado, isto é, o patrocinador ajuda a bancar o projeto ou evento com recursos financeiros, e, em troca, recebe vantagens relacionadas ao marketing, através de publicação da marca, estabelecimento ou produto, visando elevar a imagem da empresa e agregar valor aos produtos e serviços.

No caso de salão de beleza ou barbearia, devemos avaliar se realmente o investimento que vamos disponibilizar para o patrocínio vai atingir nosso público-alvo. Dependendo do evento, pode até denegrir a imagem da nossa empresa.

Quando montei o meu primeiro salão, fui procurado por um dirigente de um dos melhores times de futebol da cidade para patrocinar o uniforme. Tive a felicidade de atingir meu público-alvo, principalmente o masculino, e ter um retorno formidável. Com o passar do tempo, minha clientela feminina aumentou e mudei o foco do patrocínio para desfiles de moda ou eventos culturais e de entretenimentos voltados para esse público.

Antes de fechar o contrato de parceria, o patrocinador deve exigir da empresa patrocinada, a descrição detalhada da divulgação. Se for através de *outdoor*, definir o tamanho e onde estará posicionado no evento; se for jornal impresso ou revista, definir o tamanho do espaço na página, localização por temas, se na primeira ou na última página. Por fim, se os recursos forem audiovisuais, combinar quantas chamadas ou apresentações serão feitas durante o evento.

FORNECEDORES

Por que a loja de cosméticos lhe repassa um produto por um valor de 22 reais, por exemplo, quando esse mesmo produto foi adquirido por ela por 8 reais em um atacadista? Simples: o gerente de compras conhece o fornecedor e você não o conhece ou não tem CNPJ da sua empresa. As lojas que vendem cosméticos obviamente visam seus lucros, e para isso precisam ter uma margem de lucro para cobrir seus custos e manter a empresa no mercado. Seus principais clientes são os profissionais de beleza e donos de salão. Porém, é mais viável para os donos de salão comprar direto do fornecedor. Quanto mais barato você adquirir o produto, mais lucro você terá e mais condições de cobrar um valor abaixo da concorrência. Para isso, alguns requisitos são importantes na hora de escolher um atacadista:

- **Qualidade dos produtos** – O salão de beleza tem o dever de oferecer os melhores produtos para os clientes. Cabe ao fornecedor demonstrar a eficiência do produto através de amostras ou *workshop*. Todo fornecedor ou vendedor apresenta o produto como o melhor de todos. Cabe ao profissional testar na prática e aprová-lo ou não.

- **Diversidade dos produtos** – Alguns fornecedores que vendem para salão trabalham apenas com produtos específicos. Por exemplo, só com progressiva, produtos para hidratação ou artigos para salão. Quando o fornecedor tem uma diversidade de produtos facilita o poder de barganha e centraliza a compra.

- **Preço** – Quanto mais barato, maior será o lucro. Se houver mais de um fornecedor, aumenta-se a chance de se ter mais desconto.

- **Forma de pagamento** – Mesmo se os valores forem equivalentes, escolha a melhor forma de pagamento e prazo confortável.

- **Pronta entrega** – Fornecedor oferece o produto, demonstra e já entrega na hora. Em algumas situações imprevisíveis, o fornecedor também socorre os cabeleireiros em uma emergência. Por mais que você tenha controle de gasto dos produtos, de vez em quando, por algum descuido, o produto acaba antes do tempo. É nessa hora que o fornecedor eficiente entra em cena. Quanto mais rápida for a entrega, melhor será para o salão criar um laço de fidelidade ao fornecedor, principalmente com aqueles que estão mais interessados em suprir a necessidade do cliente do que com o volume da venda.

CONSELHO DE MESTRE

"Crie metas para os seus funcionários, e recompense-os pelos resultados.".
Seu Elias – *Barbearia Seu Elias – Belo Horizonte*

ADMINISTRAR BEM PARA ATENDER MELHOR

Grande parcela dos salões que fecham as portas peca na administração de seus recursos e por erro de logística, principalmente por que não souberam separar o que era do salão do que era particular – mesmo que o negócio seja em um cômodo de sua casa, deve ser tratado como empresa.

Para ter sucesso na montagem de um salão ou barbearia é preciso, dentre outras coisas, ter uma noção básica sobre gestão de fluxo de caixa e capital de giro; acompanhar a sazonalidade do movimento e equilibrar o controle dos estoques; definir os valores dos serviços de acordo com os custos operacionais, comparados com a concorrência, e agregar valor ao serviço com a venda de produtos similares.

CONTROLE DE ESTOQUE

Não é fácil prever a quantidade de gastos com produtos quando se monta um salão. Isso dependerá do aumento da clientela e dos serviços solicitados. Mas, à medida que os produtos forem acabando, deve-se ter um controle que detecte aqueles produtos que acabam mais rápido, além de verificar a data de validade de cada produto e seguir as orientações do fabricante quanto ao armazenamento e ambiente de conservação. É importante ficar atento para não ser surpreendido ao verificar a falta de determinado produto quando o cliente já estiver na cadeira para ser atendido. Ao agendar um serviço com antecedência, devem-se providenciar os produtos necessários e suficientes para realizar o procedimento.

ECONOMICIDADE

O faturamento do salão depende da criatividade e economicidade do administrador e de todos os colaboradores do estabelecimento. Em tempos de crise hídrica e energia cara, todo cuidado é válido na hora de utilizar esses recursos. Alguns cuidados devem deixar de ser obrigação e se tornar hábitos:

- Não deixar a ducha do lavatório escorrendo enquanto se aplica o xampu ou condicionador; ao terminar de lavar os cabelos, verificar se a torneira do lavatório está totalmente fechada;
- Desligar as lâmpadas quando não estiver atendendo clientes ou não houver necessidade de tanta claridade;
- Desligar a chapinha ou *babyliss* da tomada;
- Desligar aparelhos de som ou televisão quando ninguém estiver prestando atenção.

Da mesma forma deve ocorrer a utilização dos produtos, principalmente aqueles mais cobiçados e de valores elevados. Se possível, utilize balança de precisão ou medidor para dosar com eficácia.

SAZONALIDADE DO MOVIMENTO

Alguns profissionais empreendedores ficam empolgados quando abrem o salão ou barbearia e se surpreendem com o aumento do movimento. Outros se decepcionam porque não conseguem atingir a meta. Os profissionais que estão há mais tempo no mercado têm ciência desse fato.

Vamos aqui analisar alguns fatores relevantes que influenciam o movimento em salões e barbearias durante o ano:

- **Janeiro** – mês de movimento muito baixo, por ser um período em que a maioria das pessoas já gastou seus recursos no final do ano com reformas e presentes – provavelmente dividiram no cartão pelo menos em três vezes. Isso compromete a renda até março. Outro motivo, especialmente para lugares que não têm atrações turísticas, é o período de férias, que se estende até fevereiro.

- **Fevereiro** – movimento baixíssimo. O retorno das férias deixa os viajantes descapitalizados e os obriga a se prepararem para comprar materiais escolares, pagar os impostos anuais (IPTU, alvará de funcionamento, IPVA), seguros, entre outros.

- **Março** – melhora um pouco, mas ainda é baixo. Mês de retorno às aulas, motivo pelo qual os pais ficam mais propensos a suprir as necessidades dos filhos. Outro fator importante é o início da quaresma, período em que muitas pessoas não gostam de cortar os cabelos ou retirar a barba.

- **Abril** – o movimento do salão melhora devido ao fim da quaresma e à festa da Páscoa.

- **Maio** – movimento bom, estimulado por ser o Mês das Noivas e ter o Dia das Mães.

- **Junho** – movimento bom devido às festividades juninas. O tempo frio e seco faz com que os cabelos ressequem, levando as pessoas a procurarem os salões.

- **Julho** – o movimento diminui um pouco. Devido ao período das férias escolares, os pais aproveitam para viajar com a família.

- **Agosto** – o movimento diminui ainda mais. Retorno das férias, gasto com material escolar, e o calor, que deixa as pessoas indispostas.

- **Setembro** – o movimento melhora um pouco. Não há festividades extraordinárias, a não ser em ano de eleições políticas.

- **Outubro** – o movimento continua estável.

- **Novembro** – melhora bastante. A expectativa do fim de ano e o recebimento da primeira parcela do 13º aquecem o mercado, e os salões agradecem.

- **Dezembro** – melhor período do ano. Recebimento da segunda parcela do 13º pelos trabalhadores com vínculo empregatício, férias e aumento dos empregos temporários. O comércio, em geral, surfa no movimento das festas de fim de ano.

Para melhor compreensão podemos simular o movimento do salão representado na tabela abaixo:

MÊS	CLIENTES ATENDIDOS NO MÊS	FATURAMENTO DO SALÃO
janeiro	80	3.200,00
fevereiro	70	2.800,00
março	100	4.000,00
abril	180	7.200,00
maio	220	8.800,00
junho	225	9.000,00
julho	170	6.800,00
agosto	164	6.560,00
setembro	172	6.880,00
outubro	176	7.040,00
novembro	235	9.400,00
dezembro	360	14.400,00
Total anual	2.152	86.080,00
Média mensal	179	7.173,00

Gráficos representativos da sazonalidade.

Conforme a representação dos gráficos anteriormente, é possível fazer um planejamento de compras utilizando dados da sazonalidade dos anos anteriores e evitar gastos desnecessários.

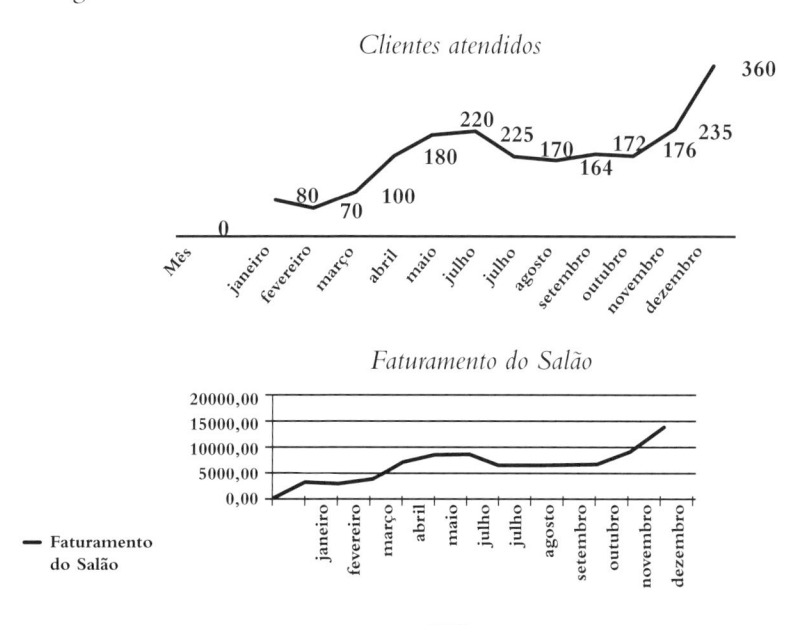

Clientes atendidos

Faturamento do Salão

DESPESAS E RECEITAS BÁSICAS EM UM SALÃO OU BARBEARIAS

Exemplo de despesas básicas em um salão de beleza:

DESPESAS 2017	ANUAL	MENSAL
IPTU	862,26	
ALVARÁ de funcionamento	215,00	
LICENÇA AMBIENTAL	135,00	
CORPO DE BOMBEIROS	86,00	
TOTAL (Despesa anual distribuída em 12 meses)	1.298,26	108,19
ALUGUEL		1.000,00
ÁGUA		183,72
LUZ		203,31
TELEFONE/INTERNET		213,74
TAXA DA MÁQUINA DE CARTÃO		90,00
DESPESAS (produtos do salão)		800,00
TOTAL MENSAL (Despesas variáveis e fixas)		2.598,96
MÉDIA DE DESPESA DIÁRIA (30 dias)		86,63

Aqui estamos considerando que o salão funcione todos os 30 dias, mas o ideal é verificar caso a caso. Considerando, por exemplo, que determinado salão feche aos domingos, devemos tirá-los do cálculo. Seria, neste caso, 30 dias menos 4 (domingos), sobrando 26 dias. A despesa média diária, então, seria de R$ 99,96.

DESPESAS EM UM SALÃO

- Despesas anuais – IPTU, ALVARÁ DE FUNCIONAMENTO, LICENÇA AMBIENTAL, CORPO DE BOMBEIROS, etc.

  Na tabela acima podemos verificar que as despesas anuais podem ser contabilizadas como mensais. Neste caso, divide-se o valor total das despesas anuais pelo número de meses do ano. Isto é: 1.298,26/12 = 108,19.

- Despesas fixas – são aquelas que ocorrem independentemente do movimento de clientes.

- Despesas variáveis – são aquelas que oscilam de acordo com os serviços prestados. Por exemplo: xampu, condicionador, lâminas, entre outros.

- Pagamento de fornecedores

Outras despesas importantes que não constam na tabela acima, porém devem ser consideradas caso a caso, visto a sua particularidade:

- Pagamento de funcionários (salário fixo ou comissão)

- Impostos (federais, estaduais e municipais)

- Despesas com marketing

VALORES DOS SERVIÇOS

Para precificar os serviços deve-se basear pela média dos custos fixos e variáveis, e dividir pela média da quantidade de cortes de cabelos ou da principal atividade do salão, em um determinado período. Aproveitando os dados das tabelas acima podemos verificar a viabilidade do negócio.

Conforme exemplo abaixo:

Total da despesa mensal dividido pela média de clientes para cortes:

2.598,96 / 179 = 14,52

Significa que o valor de cada corte de cabelos terá um custo médio de R$14,52. Neste caso, para conseguir uma boa margem de lucro, o valor do corte teria que ser, no mínimo, o dobro desse valor, isto é, R$ 29,00, podendo-se arredondar para R$ 30,00.

Suponha que o corte de cabelos no seu salão seja esse valor, e você resolva contratar um cabeleireiro, oferecendo a ele uma comissão de 50% – é comum ser esse o percentual pago à categoria. Neste caso, R$ 15,00 por cada corte. Significa que os outros 50% que você irá receber pelos serviços do seu funcionário representa a média dos custos para manter seu salão aberto. Mesmo assim vale a pena, pois, de qualquer maneira, com ou sem movimento, as despesas são geradas e precisam ser pagas.

Outro cuidado que se deve ter é na partilha dos percentuais relacionados aos serviços de química. O que parece vantajoso pode esconder uma cilada e trazer prejuízos ao salão, como no caso de um colega cabeleireiro que me procurou para tirar dúvidas relacionadas a esse assunto.

Segundo ele, o modelo escolhido para pagar seus funcionários não estava conseguindo dar lucro nas colorações, mesmo cobrando um valor médio de 120 reais – o que não é barato para a região. Perguntei qual era o percentual pago aos funcionários para tal procedimento, e ele me disse que estava pagando a média que todos os salões pagam: 40% do valor total.

Vejamos esta situação: 40% de 120 reais é igual a 48 reais. Parece vantajoso para o salão, que fica com 60%, isto é, 72 reais. Vamos analisar os custos. Segundo ele, a tinta utilizada nesses procedimentos custava 34 reais. No caso de uma coloração em um cabelo curto, uma tinta é suficiente para tal procedimento. Mesmo assim, teria um lucro de 38 reais, fora os custos embutidos. Até aqui, tudo bem. O problema em questão é o valor de 120 reais que era cobrado na maioria dos procedimentos que utilizavam duas tintas. Isto é, um lucro pífio de 4 reais, fora os outros custos. Que vantagem meu colega estava adquirindo, a não ser a manutenção do funcionário?

Em uma situação hipotética, imagine que você seja o dono desse salão sobre o qual comentei, cobrando o mesmo valor e utilizando tintas do mesmo preço. Aproveitamos os custos dos exemplos acima e somamos ao valor das 2 tintas.

14,52 + 68,00 = 82,52

Esse é o custo total do procedimento nessa situação. Como você poderá fazer uma promoção para o cliente? Impossível! E, por fim, como calcular o percentual a ser pago para o funcionário neste caso? É preciso lembrar que o funcionário só está entrando com o serviço. Cabe a você definir o valor do serviço, independentemente da quantidade de tintas. Eu cobraria pelo serviço, neste caso, o valor equivalente ao de duas tintas, 68 reais, e aumentaria o percentual do funcionário para 50%. Como assim? Não vou ter prejuízo?

Vejamos: na primeira situação, o funcionário estava abocanhando 40% do valor total. Se somarmos com os custos: 48,00 + 82,52 = 130,52. Qual o valor da coloração? 120 reais. Significa um prejuízo de 10,52 em cada coloração. Assim ninguém subsiste.

Na segunda situação, vou pagar ao funcionário apenas pelo serviço, conforme comentamos acima, 50% de 68,00, o que dá o total de 34,00.

82,52 + 34,00 = 116,52

O lucro será pequeno, porém, não haverá prejuízo. Vale lembrar que esse total foi calculado junto ao custo médio, o valor de duas tintas. No caso de um serviço que necessite de uma tinta só, esse valor diminui para 48,52 (34,00 da tinta + 14,52 de custo médio). Vejamos: custo total + porcentagem paga ao funcionário.

48,52 + 34,00 = 82,52

Significa que, mesmo fazendo uma promoção da coloração a 90,00, ainda assim haverá lucro.

Portanto, ao contratar um profissional você precisa avaliar o percentual de cada serviço para não ter prejuízo. Depois de definir os custos, o segundo passo é pesquisar qual o valor médio cobrado pela concorrência, e ajustar o preço do serviço de acordo com o valor agregado que você vai oferecer ao cliente. Por fim, avaliar a viabilidade do negócio.

RECEITAS

CARTÃO DE CRÉDITO

Qualquer estabelecimento ou transação comercial necessita utilizar essa ferramenta, pois quem não aderir corre o risco de perder oportunidade para a concorrência. Segundo pesquisas, quase 70% dos brasileiros utilizam cartão de crédito para pagamento de suas transações, e os salões de beleza estão dentro dessa estatística. É uma transação segura, e o índice de inadimplência é zero. O cliente terá opção de escolher a forma de pagamento e o estabelecimento poderá oferecer pacotes de serviços com preços mais elevados – o que seria mais difícil para o cliente pagar à vista. O cuidado que se deve ter é quando se fizer uma promoção. É preciso avaliar quanto e quando vale a pena passar no débito sem ter prejuízo.

VENDAS DE PRODUTOS

Responsável por parte da renda de um salão, é também uma ótima oportunidade para diversificar os negócios da empresa. O aconselhável é não misturar a receita das vendas com a dos serviços, visto a importância de se reinvestir em estoque e ter o capital de giro crescente e constante.

FLUXO DE CAIXA

É um processo por meio do qual uma organização ou estabelecimento comercial gera e aplica seus ativos através de uma ou várias atividades. Uma boa gestão do fluxo de caixa reduz a pressão sobre o capital de giro e aumenta a probabilidade de a empresa estabelecer-se lucrando no mercado competitivo.

Os salões de beleza e barbearias de sucesso, certamente, têm um controle dos seus recursos atualizado. O cabeleireiro não precisa ser especializado em administração, mas tem obrigação de administrar bem o seu negócio para não perder espaço para a concorrência. Apesar de nessa área não se exigir tanta complexidade no sistema de controle financeiro, sem uma efetiva organização nas entradas e saídas de caixa o empreendimento torna-se vulnerável.

Por isso, o empreendedor deve sempre conter as despesas e tentar aumentar sua margem de lucro através de promoções, vendas de produtos e outras atividades que possam complementar o capital de giro e impulsionar o fluxo de caixa. Segundo Assaf Neto e César Augusto: "Uma adequada administração do fluxo de caixa pressupõe a obtenção de resultados positivos para a empresa." (Assaf Neto, César Augusto, 2012, p. 35)

Para verificar o movimento do fluxo de caixa é necessário ter um controle efetivo. Uma maneira simples de acompanhar o fluxo de caixa é através de aplicativos específicos para este fim, planilha no Excel ou um simples livro de caixa.

Alguns cuidados são indispensáveis para o acompanhamento do fluxo de caixa:

1. Certifique-se do valor inicial que você está investindo a partir de uma data qualquer;
2. Anote todas as despesas e receitas do mês que estejam relacionadas ao salão ou barbearia;

3. Registre todas as entradas em dinheiro, cartão, cheque, promissória e até mesmo as daquele caderninho, onde, tradicionalmente, algumas pessoas pedem para anotar;
4. Registre todas as saídas do mês;
5. Ao completar o ciclo, some as entradas e desconte as saídas, juntando com o valor inicial. Para o negócio ser lucrativo, o saldo deve ultrapassar o valor inicial investido.

CAPITAL DE GIRO

Recurso necessário para financiar substancialmente a continuidade do negócio. É um suporte indispensável, que garante a estabilidade da empresa perante as oscilações do mercado e sazonalidade do movimento. Qualquer empreendimento de natureza comercial necessita de capital de giro para garantir a permanência dos recursos disponíveis e movimentar o negócio em um determinado ciclo operacional.

Pode ser utilizado para despesas operacionais, estoque de materiais, produtos para revenda ou aplicações diversas. Para Assaf Neto e César Augusto: "O capital de giro é representado pelo ativo circulante, isto é, pelas aplicações correntes, identificadas geralmente pelas disponibilidades, valores a receber e estoques." (Assaf Neto/Cesar Augusto, 2012, p.3)

Qual é a importância do capital de giro para um salão de beleza, e como funciona na prática?

Digamos que você decidiu alugar uma loja comercial e montar um salão com um investimento inicial de 60 mil reais. Você avaliou os custos e calculou gastar uma média mensal de 3.200 reais. Até você conseguir uma clientela que seja suficiente para gerar recursos e cobrir seus gastos durante um tempo, terá que providenciar uma reserva financeira para complementar e sustentar a empresa, até que a torne autossustentável e o negócio seja lucrativo.

É o capital de giro que dá equilíbrio financeiro e impulsiona a empresa para o mercado competitivo. O empreendedor que não dispõe deste capital perde oportunidade de crescer e fica sempre em desvantagem diante da concorrência. Portanto, se você tiver que montar uma barbearia e dispuser de 60 mil reais, aconselho a não investir tudo na montagem da barbearia dos seus sonhos.

Gaste apenas 40 mil. Os outros 20, você deixa como capital de giro. Vai conquistando seu espaço, e, aos poucos, ampliando seu negócio.

Segundo o Sebrae, o desafio da gestão do capital de giro está principalmente na ocorrência dos seguintes fatores:

- variação dos diversos custos absorvidos pela empresa;
- aumento de despesas financeiras em decorrência das instabilidades desse mercado;
- baixo volume de serviços;
- aumento dos índices de inadimplência;
- aumento do volume de vendas a prazo (prazos de recebimento maiores que os prazos de pagamento).

No caso de um salão de beleza, o empresário deve reservar em torno de 30% do total do investimento inicial para o capital de giro.

Os dois primeiros anos são cruciais para quem inicia um empreendimento, especialmente quando se trata de mão de obra qualificada. Depois que vencer esse período, será possível mensurar o potencial da empresa e avaliar se o negócio é viável.

MESTRE DOS MESTRES

"Quem de vós, querendo fazer uma construção, antes não se senta para calcular os gastos que são necessários, a fim de ver se tem com que acabá-la? Para que, depois que tiver lançado os alicerces e não puder acabá-la, todos os que o virem não comecem a zombar dele, dizendo: "Este homem principiou a edificar, mas não pode terminar".

Jesus Cristo – *Lucas 14:28-30*

Conclusão

No ano em que o Senac–DF comemora o seu cinquentenário, e, coincidentemente, comemoro 30 anos de profissão como cabeleireiro, tive a oportunidade de compartilhar com vocês algumas experiências através destas singelas páginas. Quisera eu ter acesso a essas informações 30 anos atrás! Certamente aprendi muito com os erros, porém, não erraria tanto ao longo do caminho se tivesse os recursos disponíveis que hoje existem. No entanto, continuo sempre disposto a buscar novos horizontes, como um eterno aprendiz.

Referências

AMORIM, Clezio Gontijo. **55 maneiras de encantar o seu cliente no atendimento.** São Paulo: Êxito, 2014. 296 p.

ASSAF, Alexandre Neto; SILVA, Cesar Augusto Tibúrcio. **Administração de capital de giro.** 4. ed. São Paulo: Atlas, 2011. 288 p.

BARATA, Maura Cristina; BORGES, Márcia Moreira. **Técnicas de recepção.** Senac, 1999. 70 p.

BRAGA, Denise. **Terapia capilar:** Manual de Instruções. 1. ed. Brasília: Senac-DF, 2014. 124 p.

CHAVENATO, Idalberto. **Gestão de Pessoas**: O novo papel dos recursos humanos nas organizações. Rio de Janeiro: Campus, 1999.

DANTAS, Edmundo Brandão. **Marketing Descomplicado.** Brasília: Senac-DF, 2016.

HALLAWELL, Philip. **Visagismo Integrado, identidade, estilo e beleza.** São Paulo: Senac-SP, 2010. 284 p.

HALLAWELL, Philip. **Visagismo, harmonia e estética.** 6. ed. São Paulo: Senac, 2010. 292 p.

KOTLER, Philip; KELLER, Kevin Lane. **Administração de Marketing.** 12. ed. São Paulo: Pearson Prentice Hall, 2006.

MARTINS, Carlos Wizard. **Desperte o Milionário que Há em Você**. 22. ed. São Paulo: Gente, 2012. 160 p.

WERNER, Rudi. **Beleza, um bom negócio.** 1. ed. Rio de Janeiro: Senac, 2009. 168 p.

Tipografia:	Mustardo
	Bebas Neue
	Bembo Std
	Corbel
Papel:	**Offset** 80g/m²
Impressão:	**Gráfica CS**